Maria Korosteljow

Work-Life-Balance

Ein möglicher Weg zur beruflichen Chancengleichheit der Geschlechter?

Bibliografische Information der Deutschen Nationalbibliothek:

Die Deutsche Nationalbibliothek verzeichnet diese Publikation in der Deutschen Nationalbibliografie; detaillierte bibliografische Daten sind im Internet über http://dnb.d-nb.de abrufbar.

Impressum:

Copyright © ScienceFactory 2018

Ein Imprint der Open Publishing GmbH, München

Druck und Bindung: Books on Demand GmbH, Norderstedt, Germany

Covergestaltung: Open Publishing GmbH

Inhaltsverzeichnis

1 Einleitung

> „Meine Herren! Im Namen der Moralität im Namen
> des Vaterlandes, im Namen der Humanität fordere
> ich Sie auf: Vergessen Sie bei der Organisation der Ar-
> beit die Frauen nicht!" (Otto-Peters, Das Recht der
> Frauen auf Erwerb, 1997, S. 118; Hervorhebung im
> Original)

So Louise Otto-Peters im Jahr 1848. Als Initiatorin der ersten deutschen Frauenbewegung und Vertreterin der bürgerlichen Sparte erkannte sie schon früh die Probleme der damaligen Arbeitsorganisation und kämpfte für das Recht der bürgerlichen Frau auf Arbeit. Damit reagierte sie auf den zunehmenden gesellschaftlichen Wandel im Rahmen der Industrialisierung. Diese entwickelte im 19. Jahrhundert nicht nur eine klare Trennung zwischen Arbeit und Privatleben, sondern auch ganz neue Spannungsmomente innerhalb der stereotypisch bestehenden Arbeitsteilung der Geschlechter. Während die proletarischen Frauen auf Grund der wachsenden Kommodifizierung von Arbeit nicht nur Hungerlöhne, sondern auch schlimmste Arbeitsbedingungen zu ertragen hatten, musste die bürgerliche Frau erst einmal um die Möglichkeit, zu arbeiten und sich so auch von ihrem Mann stückweise zu emanzipieren, kämpfen. Doch wie unterschiedlich die Annahmen und Lösungsvorschläge der verschiedenen Sparten der Frauenbewegung auch waren, eines hatten sie alle gemeinsam: die Forderung nach Emanzipation und einem revolutionären Konzept der Arbeitsteilung.

Wir schreiben nun das Jahr 2018. Wir befinden uns in einer Dienstleistungs-, Wissens- und Informationsgesellschaft, die Industriegesellschaft als solche hat ein Ende gefunden. Frauen auf dem Arbeitsmarkt sind zwar mittlerweile zur Norm geworden und bekommen auch immer öfter die Option geboten, sich zu Führungs- oder Fachkräften hochzuarbeiten, dennoch veränderte sich das Geschlechterverhältnis in vielen Faktoren nur marginal. Geschlechterhierarchische Arbeitsteilung ist weiterhin in vielen Haushalten anzutreffen. Neben meinem Studium hatte ich immer wieder die Gelegenheit, innerhalb von großen Konzernen Praxiserfahrung zu sammeln und einen Einblick in vermeintlich moderne Arbeitsorganisation zu erlangen. Obwohl die Forderungen der ersten deutschen Frauenbewegung über 100 Jahre Zeit hatten in die Praxis umgesetzt zu werden, beschäftigten sich viele meiner weiblichen Kolleginnen mit der scheinbar utopischen Frage: Wie kann ich meinen Beruf, die Familie und den Haushalt miteinander vereinbaren?

Eine Frage, die aus Sicht der Gender Studies nicht nur zeitlos zu sein scheint, sondern auch weiterhin nach einer adäquaten Antwort suchen lässt. Diese Situation zwingt Frauen dazu, sich zwischen Beruf und Familie entscheiden zu müssen. Ein mögliches Konzept, welches zumindest einen Wandel der geschlechtlichen Arbeitsorganisation erreichen könnte, ist das der Work-Life-Balance. Ende der 90er Jahre versprach das Konzept nicht nur eine verbesserte Organisation zwischen Arbeit und Privatleben, sondern auch zwischen Arbeit und Familie. Es gilt also, diese Komponenten in eine Balance - einen Einklang miteinander zu bringen.

In meiner Arbeit möchte ich der Frage nachgehen, ob Work-Life-Balance-Maßnahmen den bestehenden beruflichen Ungleichheiten zwischen Männern und Frauen entgegenwirken können. Innerhalb meiner Ausführungen fokussiere ich mich auf familienfreundliche Work-Life-Balance-Maßnahmen, die zu einer besseren Vereinbarkeit zwischen Beruf und Familie und somit der Gleichberechtigung der Frau auf dem Arbeitsmarkt führen können.

Um der Fragestellung meiner Arbeit adäquat nachzugehen, werde ich das Konzept der Work-Life-Balance zuerst im Rahmen der arbeits- und geschlechtssoziologischen Phänomene der Entgrenzung, Flexibilisierung und Subjektivierung von Arbeit kontextualisieren. Dies versteht sich als die gesellschaftliche Relevanz, unter der die modernen Maßnahmen erst notwendig werden. Nachdem also das Konzept der Work-Life-Balance in die soziologische Entwicklungstheorie von Arbeit eingebettet ist, widme ich mich der Entgrenzung der Geschlechterverhältnisse mit Fokus auf die geschlechtlichen Ungleichheiten auf dem Arbeitsmarkt. Bei der theoretischen Kontextualisierung widme ich mich unter anderem den Arbeiten von G. Günter Voß, Karin Gottschall und Kerstin Jürgens. Im vierten Kapitel erläutere ich das Konzept der Work-Life-Balance genauer. Nach einer kurzen Definition folgt die Skizzierung potenzieller Maßnahmen. Daraufhin untersuche ich die gewonnenen Erkenntnisse auf ihr Potenzial zur Angleichung der Geschlechter. Mit Hilfe aktueller Kennzahlen des statistischen Bundesamts bewerte ich, wie sich die Bedeutung der Work-Life-Balance innerhalb des Managements von Unternehmen entwickelt hat und welche Maßnahmen genau getroffen werden. Kennzahlen zur Erwerbstätigkeit von Frauen mit Kindern innerhalb einer Lebensgemeinschaft können dann ein Indikator für den Erfolg von Work-Life-Balance-Maßnahmen zur Frage der Angleichung der Geschlechter bieten, aber natürlich auch der Prozentsatz an Vätern in Elternzeit und der tatsächliche Umfang von Work-Life-Balance-Maßnahmen in den Unternehmen.

Im Rahmen einer eigenen kleinen empirischen Studie möchte ich zum einen die statistischen Ergebnisse validieren, als auch einen kleinen Einblick in die öffentliche Meinung zum Thema „Väter in Elternzeit" geben. Dies soll vor allem noch einmal die gesellschaftliche Relevanz und Brisanz der Thematik verdeutlichen. Abschließend reflektiere ich innerhalb eines kurzen Fazits die gewonnenen Ergebnisse in Hinblick auf die Fragestellung.

2 Der Wandel der Geschlechterverhältnisse

Im Rahmen dieser Arbeit untersuche ich Work-Life-Balance-Maßnahmen mit Fokus auf ihr Potenzial zu einer beruflichen Chancengleichheit zwischen Mann und Frau. Die Gender-Pay-Gap, Frauen in ewiger Teilzeit und Männer, für die Elternzeit ein Fremdwort zu sein scheint, sind nur einige der Merkmale der Chancenungleichheit, die sich Frauen, insbesondere solche, die sich dafür entscheiden eine Familie zu gründen, entgegenstellen müssen. Im folgenden Kapitel will ich genau diese Ungleichheiten aufzeigen und das Dilemma der Frau im Job auch durch aktuelle Kennzahlen verdeutlichen.

2.1 Die Entgrenzung der Geschlechter

„Mit der Entgrenzung von Erwerbsarbeit sowie von Familie ist die Entgrenzung der Geschlechterverhältnisse untrennbar verbunden. Die jeweiligen Entgrenzungsprozesse bedingen sich wechselseitig, sie sind ineinander verwoben, ohne sich jedoch kausal zu determinieren." (Jurczyk et al. 2009: 45f)

Eine zentrale These dieser Arbeit ist, dass Frauen in der Arbeitswelt andere Chancen zur Verfügung stehen als Männern, sie also innerhalb der Arbeitsstrukturen anders verortet werden. Ein Fundament für diese Ungleichheit ist die Verteilung der Reproduktionsarbeit, die sowohl im 19ten Jahrhundert, als auch heute hauptsächlich Domäne der Frauen ist.

Diese Entwicklung, von Zeiten des Fordismus[1] bis hin zur heutigen Gesellschaft, will ich nun kurz skizzieren.

Das Verhältnis der Geschlechter ist als eine Art stilles Arrangement zu sehen, das durch eine bestimmte Arbeitsteilung, soziale Abhängigkeiten und Austauschprozesse das Leben von Mann und Frau bedingt (vgl. Becker-Schmidt 2008: 69).

Im Fordismus wurden die beiden Sphären Arbeit und Privatleben klar voneinander getrennt, zeitgleich wurde auch die ungleiche Aufteilung sozialer Aufgaben innerhalb der Geschlechter etabliert. Eine geschlechtsspezifische Arbeitsteilung wurde zu dem zentralen Angelpunkt der „Ordnung der Geschlechter" (vgl. Jurczyk et al. 2009: 46). Diese klaren Zuschreibungen manifestierten die fundamentalen Ungleichheiten zwischen Mann und Frau. Während Männer „Ernährer" und Haushaltsvorstand waren, wurden Frauen auf ihre Aufgaben als Hausfrauen und Mütter mit begrenzter staatlicher Unterstützung reduziert (vgl. Jürgens/Voß 2007: 4). Das Leitmotiv der traditionellen Geschlechterverhältnisse zeichnete sich somit durch eine Feminisierung der Fürsorgearbeit, hierarchisierende Beziehungen und Arbeitsteilungen, eine „Verhäuslichung" von Frauen und durch einen ökonomischen Zwangszusammenhalt auf Basis des männlichen Familienernährermodells aus (vgl. Jurczyk et al. 2009: 47).

---

[1] Eine nach Henry Ford benannte historische Phase in der zweiten Hälfte des 20. Jahrhunderts. Hauptmerkmale waren Massenproduktion und wachsender Konsum (vgl. Jürgens/Voß 2007: 3).

Während die Dienstleistungsbranche und kaufmännisch-verwaltende Arbeitsplätze seit den 50er/60er Jahren expandierten, begann auch eine stärkere Integration der Frau in den Arbeitsmarkt. Alte Arbeitsmodelle wie Heimarbeit, Aushilfs- und Saisonarbeit und Arbeiten im Familienbetrieb wurden durch Arbeitsmodelle in Teilzeit ersetzt. Und doch war die weibliche Erwerbsarbeit von familienbedingten Unterbrechungen und abweichenden Arbeitszeitformen geprägt (vgl. Geissler 2002: 6). Durch diesen Zwischenzustand konnten Frauen nicht den arbeitsrechtlichen Schutz und das gesellschaftliche Ansehen einer Vollzeitbeschäftigung erlangen (vgl. ebd. 9). Es entstand ein Bild der Frau, das geprägt war durch ihre geringe Erwerbsbeteiligung, geringe Entlohnung und statusniedrige Beschäftigung mit dem Verweis auf eine geringere Qualifikation, alles begründet in ihrer Familienrolle. Dies galt bis in die 60er Jahre des zwanzigsten Jahrhunderts als gesellschaftlich vollkommen akzeptiert und in gewissem Maße auch als plausibel. Die Erwerbsorientierung für Frauen und auch die Erwerbsbeteiligung von Müttern stieg in den 70er Jahren mit dem Wirtschaftswachstum, der Bildungsexpansion, dem Ausbau des Wohlfahrtsstaates und auch der Frauenbewegung an (vgl. Gottschall 2010: 671). Dabei muss angemerkt werden, dass in West- und Ostdeutschland unterschiedliche Entwicklungslinien zu verzeichnen sind.

Ab den 80er Jahren und im Zuge der Entgrenzung von Arbeit zeichnete sich auch bei den Frauen ein paralleles Verlangen nach Karriere und Familie ab (vgl. Jurczyk et al. 2009: 52). Das führte zu einem Wandel in den Einstellungen und Lebensentwürfen der Frauen, gerade auch in Hinblick auf die Elternschaft und Arbeit. Die ursprünglichen Phasenmodelle verschwimmen zu parallelen

Lebensabschnitten (vgl. Jürgens/Voß 2007: 6). Dies setzt neue Ansprüche an Arbeitgeber fest und für Frauen werden flexible Arbeitszeiten immer attraktiver. Die neuen Arbeitsformen, entstanden durch eine wachsende Flexibilisierung von Arbeit, wie Arbeiten am Wochenende oder der Anspruch, rund um die Uhr erreichbar zu sein, stellen allerdings gerade für Frauen eine besondere Herausforderung dar (vgl. Geissler 2002: 6ff).

Weiterhin scheint die erfolgreiche Vereinbarung von Beruf und Familie schwer. Zwar gestalten sich familienbedingte Ausstiege der Frau kürzer, dies geht jedoch einher mit einer erheblichen Doppelbelastung der erwerbstätigen Mütter. Ein wichtiger Begriff in diesem Zusammenhang ist der der doppelten Vergesellschaftung der Frau. Dies bedeutet, dass eine Frau innerhalb von zwei unterschiedlichen und in sich widersprüchlichen strukturierten Bereichen in soziale Zusammenhänge eingebunden ist. Diese Vergesellschaftung vollzieht sich in Teilprozessen der Vergeschlechtlichung, was bedeutet, dass das „Geschlecht" dabei als sozialer Faktor fungiert, der die Gesellschaft in die Dimensionen Reproduktion, Produktion und Regeneration durchstrukturiert (vgl. Becker Schmidt 2008: 65f). Frauen werden doppelt eingebunden, was ihnen aber keine Vorteile in der Lebensplanung, sondern Nachteile bringt. Die vorgestellten und bisher gesellschaftlich manifestierten Muster der Arbeitsteilung („male-breadwinner", „femalehomemaker") werden immer stärker in Frage gestellt. Ein interessanter Trend versucht jedoch, diese Ordnungsstrukturen aufzubrechen: Denn obwohl Frauen nach wie vor den Großteil der Heimarbeit („Care-work") leisten, verspüren immer mehr Männer den Druck, sich stärker an der Arbeit im Haushalt zu beteiligen. Dies ist auch bedingt durch die gesteigerte Erwerbseinbindung von Frauen, aber auch durch die Abkehr (einer kleinen Gruppe von Männern) von der Ernährerrolle und dem wachsenden Zwang, sich daran anzupassen (vgl. Jürgens/Voß 2007: 6). Zusammenfassend lässt sich sagen, dass die Ausweitung des tertiären Sektors[2] und der damit verbundene Anstieg der Frauenerwerbsarbeit perspektivisch zu einer Auflösung der strikten Arbeitsteilung der Geschlechter führen wird.

Dies ist auch bedingt durch die Flexibilisierung der Arbeitszeiten und Beschäftigungsformen (Teilzeitarbeit, etc.), sowie durch die autonome Orientierung der Frauen, die Bildungsexpansion und Frauenbewegung.

Die Entgrenzung der Geschlechterverhältnisse ist auch als ein dynamischer Prozess zu sehen, der zu einem strukturellen Wandel von traditionellen Rollenverteilungen führt. Das männliche Ernährermodell im Rahmen einer Vollzeiterwerbstätigkeit führte lange Zeit zu einer starren Differenzierung und einer Ungleichheit der Geschlechter. Heutzutage scheinen Frauen beruflich so stark etabliert zu sein wie noch nie und mit einem ausgeprägten Selbstbewusstsein und Autonomie ihr Leben zu gestalten. Wie potenzielle Ungleichheiten auf dem heutigen Arbeitsmarkt aussehen, erläutere ich im nächsten Kapitel.

---

[2] Dienstleistungssektor, tertiär da weniger lebensnotwendig als primäre und sekundäre Güter sind (vgl. Jacobsen 2010: 206).

2.2 Ungleichheiten der Geschlechter im Berufsleben

Die Verhältnisse der Geschlechter, auch im Berufsleben, sind, wie bereits oben beschrieben, eine Entwicklung, bei der durchaus zwischenzeitlich ein positiver Trend für die Frauen zu verzeichnen war. Zwischen 1972 und 2006 stieg die Frauenerwerbsquote von ca. 48 Prozent auf ca. 68 Prozent an (vgl. Dressel/Wanger 2008: 481). Was hier klargestellt werden muss, ist, dass die pure Anzahl an erwerbstätigen Frauen noch kein klarer Indikator für ihre tatsächliche Teilhabe auf dem Arbeitsmarkt ist. Bisher finden die Arbeitszeiten der Frau nämlich noch keine Erwähnung. Im Folgenden werden einige Fakten aufgeführt, die die aktuelle Situation auf dem Arbeitsmarkt verdeutlichen sollen.

Nach den Auswertungen des statistischen Bundesamtes zum Thema „Realisierte Erwerbstätigkeit zur Messung des Vereinbarkeitsarrangements von Familie und Beruf" im Jahre 2017 kann ein deutlicher Unterschied der Erwerbstätigkeit von Vätern und Müttern herausgestellt werden. Betrachtet man die Quote der aktiv Erwerbstätigen[3] (bezogen auf eine Vollzeitbeschäftigung), so lag die aktive Erwerbstätigenquote der Frauen mit einem einjährigen Kind bei knapp 10 Prozent und steigt auch erst ab einem Kindesalter von acht Jahren auf über 20 Prozent an. Bei den Vätern liegen die Zahlen deutlich anders. Ab der Geburt des Kindes liegt die Erwerbsquote der Männer nur leicht abgeschlagen bei 70 Prozent.

---

[3] Alle Erwerbtätigen abzüglich derer, die innerhalb der gesetzlichen Fristen Elternzeit nehmen.

Dies steigt in den ersten zwei Jahren leicht an, um sich dann für den Rest der Lebenszeit des Kindes bei rund 80 Prozent einzupendeln. Interessant zu sehen, ist beispielsweise auch, dass prozentual mehr Männer erwerbslos sind, rund 15 Prozent, als in einer Teilzeitanstellung, ca. 3 Prozent. (vgl. Statistisches Bundesamt 2017)

Anders sieht das wiederum bei den Frauen aus: Bis zum vierten Lebensjahr des Kindes steigt die Erwerbsquote der Frauen in Teilzeit stetig bis auf rund 50 Prozent an und pendelt sich in diesem Bereich ein. Die Statistik macht generell deutlich, dass die Erwerbstätigkeit der Mütter höher ist, je älter die Kinder werden, obwohl kein signifikanter Anstieg der Erwerbstätigkeit zu sehen ist, wenn die Kinder schulpflichtig werden und prinzipiell die meiste Zeit des Tages in Fremdbetreuung verbringen könnten. Und noch ein wichtiger Punkt innerhalb der geschlechtlichen Ungleichheiten zeichnet sich ab: Die Teilzeitfalle scheint, wie die subjektive Wahrnehmung bereits vermuten lässt, ein hauptsächlich weibliches Problem zu sein und hindert die Frauen weiterhin, schnellstmöglich nach Geburt des Kindes wieder einer Vollzeittätigkeit nachzugehen. Weitere zu erwähnende Daten sind auch im Bericht „Vereinbarkeit von Familie und Beruf" des statistischen Bundesamtes von 2012 zu entdecken. Große Unterschiede zeichnen sich hier in der Teilzeitquote ab. Während 69 Prozent aller erwerbstätigen Frauen im Alter von 15–65 Jahren Teilzeit arbeiten (Ostdeutschland: 44 Prozent, Westdeutschland: 75 Prozent), liegt die Quote bei den Männern lediglich bei 6 Prozent. Bei den Frauen entsteht dadurch eine Lücke zwischen Beschäftigten- und Arbeitsvolumenanteilen, die Arbeitszeitlücke. Diese ist besonders stark bei Frauen im Alter von Anfang bis Mitte 30 zu beobachten (vgl. Dressel/Wanger 2008: 483).

Zusammenfassend lässt sich sagen, dass die aktuellen Zahlen doch einen guten Indikator für die weiterhin bestehende traditionelle Ungleichheit zwischen Männern und Frauen darstellt. Die vorgestellten Befunde verdeutlichen, dass die familiäre Situation der Frau einen omnipräsenten Einfluss auf ihre Arbeitssituation hat. Es kann auch festgestellt werden, dass die Reproduktionsarbeit nach wie vor in der Verantwortung der Frauen liegt. Sobald das Kind geboren ist, übernimmt die Frau die größte Verantwortung im Haushalt und in der Kindererziehung, während die meisten Männer weiterhin in Vollzeit arbeiten. Auch eine Angleichung ist soweit nur marginal zu erkennen. Die traditionelle Rolle des Mannes als Ernährer der Familie ist noch nicht ansatzweise aufgehoben, sie hat sich lediglich modifiziert (vgl. ebd. 483).

Weiterhin größte Faktoren in der beruflichen Ungleichheit der Geschlechter sind Erwerbsunterbrechungen und Teilzeitarbeit, wodurch bei den Frauen massive Einkommensverluste zu verzeichnen sind. Diese versuchen sie häufig durch weniger prestigeträchtige Tätigkeiten zu kompensieren und schmälern dadurch perspektivisch gesehen ihre Karrierechancen. Von sehr dramatischen Folgen wie der wachsenden Armut alleinerziehender Frauen mal abgesehen. Die Teilzeitarbeit ist ein ambivalentes Konzept, stellt sie doch häufig die einzige Brücke dar, die zwischen Familien- und Erwerbsarbeit hergestellt werden kann (vgl. ebd.: 484). Zusätzlich lässt sich eine vertikale und horizontale Geschlechtersegregation auf dem Arbeitsmarkt erkennen. Das heißt, dass zusätzlich zu einer ungleichen Verteilung auf statushohen

Positionen auch eine starke geschlechtsspezifische Aufteilung in den Berufen und Tätigkeiten besteht.

Die doppelte Vergesellschaftung der Frau fungiert als weiterer Problemherd. Die Frauen werden zu unbezahlter Arbeit im Haushalt und bei der Kindererziehung verpflichtet, was wiederum die gleichberechtigte Integration in das Beschäftigungssystem erschwert. Diese Doppelbelastung entgeht auch nicht den Personalern, werden Frauen doch häufig als Risikofaktoren für die Effizienz eines Unternehmens gesehen. So durchzieht sich die Diskriminierung wie ein roter Faden, sei es bei der Wahl von Führungskräften oder ganz allgemein bei der Gender-Pay-Gap. Die Folgen zeichnen sich durch eine geringe Wertschöpfung der Reproduktionsarbeit, einer Abhängigkeit vom Mann und Nachteilen bei der Alterssicherung aus. (vgl. Dressel/Wanger 2008: 85ff)

Gerade in der heutigen Zeit muss man jedoch erkennen, dass der Wandlungsprozess der Entgrenzung der Geschlechter kein reines Frauenproblem ist, sondern dass sich auch Männer zunehmend der Herausforderung der Anpassung stellen. Für beide Geschlechter gilt: Vereinbarkeit von Beruf und Familie bleibt ein Problem. Man fragt sich, welche Rahmenbedingungen zu einer Besserung dieser Situation führen können und ob diese nicht auch in den Betrieben von heute zu finden sind. Als Basis der heute etablierten Work-Life-Balance-Maßnahmen gilt der Prozess der Entgrenzung von Arbeit, den ich im kommenden Kapitel detailliert beschreiben werde.

3 Der Wandel des Verhältnisses von Arbeit und Leben

Dieses Kapitel widmet sich dezidiert dem Wandel der Arbeitsstrukturen. Dabei erläutere ich die soziologischen Phänomene der Entgrenzung, Flexibilisierung und Subjektivierung von Arbeit, um zu verdeutlichen, wieso diese Entwicklungen das Verhältnis von Arbeit und Leben verzerren. In meiner Arbeit setze ich den Fokus auf die erwerbstätige Frau und die Herausforderungen, denen sie sich innerhalb der geschlechterspezifischen Arbeitsteilung stellen muss. Auf den Wandel der Geschlechterverhältnisse werde ich im dritten Kapitel näher eingehen.

Bevor ich die Kernmerkmale der Entgrenzung von Arbeit erläutere, möchte ich vorab die Begriffe *Arbeit* und *Leben* etwas genauer definieren, um den durchaus breiten Interpretationsspielraum einzugrenzen. Arbeit und Leben gelten allgemein als zwei voneinander zu trennende Begriffe, man geht also von einer dichotomen Vorstellung aus. Diese Ansicht verdichtet sich, wenn man die oftmals konträren Handlungskontexte betrachtet. Innerhalb dieser Vorstellung findet man viele Synonyme für dieses soziale Verhältnis wie Produktion und Reproduktion, Beruf und Familie oder auch privat und öffentlich. All diese Begriffe beschreiben die selbe Trennung, je nachdem, welchen Fokus man legen möchte. Das Leben beschreibt im Grunde alle reproduktiven Handlungen, die im Privatleben, abgegrenzt von der Arbeit, stattfinden. Arbeit versteht sich als produzierende und marktvermittelnde Tätigkeit. Allerdings findet in der Soziologie noch eine weitere Differenzierung von Arbeit statt. Man unterscheidet zwischen Arbeit innerhalb eines Arbeitsverhältnisses, das einen

Arbeitsvertrag zu Grunde hat und mit einem Entgelt entlohnt wird, und der Arbeit, die im Privatleben stattfindet und unentgeltlich geleistete Tätigkeiten im Haushalt abdeckt. Beispiele dafür wären die Hausarbeit, Pflege von Kranken oder Kindern und auch ehrenamtliches Engagement innerhalb der Freizeit (vgl. Jürgens 2010: 484). Diese Definition zeigt eine gewisse Unklarheit innerhalb der Grenzen von Arbeit und Privatleben. So kann man gerade heutzutage sagen, dass durchaus auch im Privatleben gearbeitet und, als neueres Phänomen der Arbeitsstrukturen, auch in der Arbeit gelebt wird. Zwar haben sich die beiden Bereiche gerade historisch gesehen als strukturell divergent ergeben, doch besitzen sie einen hohen Vermittlungszusammenhang (vgl. ebd.). Auf die wachsende Vermischung der beiden Bereiche möchte ich nun näher eingehen.

3.1 Die Entgrenzung von Arbeit

Seit dem Freiburger Kongress für Soziologie im Jahre 1998 wurde die Entgrenzung von Arbeit als Sammelbegriff wichtiger Wandlungstendenzen in verschiedenen sozialen Bereichen festgelegt, welcher Hand in Hand mit der Modernisierung der Gesellschaft einhergeht (vgl. Gottschall/Voß 2005: 11). War der Begriff ursprünglich eng verknüpft mit der Globalisierung und der dadurch auftretenden Fragilität nationalstaatlicher Grenzen, hat sich der Anwendungsbereich als Folge der internationalen Produkt-, Finanz-, und Dienstleistungsmärkte auch auf viele weitere gesellschaftliche Ebenen ausgeweitet. Gleichwohl kann durch die wachsende Vermarktlichung von unternehmerischen Beziehungen das Phänomen auch bei Grenzen innerhalb nationaler Ökonomien,

Grenzen zwischen dem Betrieb und dem Markt oder auch Grenzen innerhalb betrieblicher Arbeitsorganisationen beobachtet werden (vgl. Jürgens/Voß 2007: 5). Eine wichtige historische Entgrenzung fand beispielsweise ca. 1970 mit der Spaltung in Ost- und Westdeutschland statt. Solche Entwicklungen sind nur schwer zu datieren, da häufig bereits vorher marginale Strukturveränderungen und sozialer Wandel zu erkennen waren (vgl. Jurczyk et al. 2009: 28).

Entgrenzung bedeutet also vereinfacht ausgedrückt: die Verschiebung oder Auflösung von Grenzen innerhalb struktureller Gefüge der Gesellschaft. Dies kann in und zwischen Sphären stattfinden. Die Sphäre der Arbeit nimmt innerhalb dieses Konzepts eine besondere Ordnung an. Da diese so eng mit anderen gesellschaftlichen Sphären verknüpft ist, ist auch bei einer marginalen Veränderung eine Art Kettenreaktion zu erwarten. So kann man davon ausgehen, dass, sobald sich Strukturen der Arbeitsorganisation verändern, diese Auswirkungen auf private Lebensformen haben werden. Dies macht Arbeit zu einem zentralen Thema der Entgrenzungstheorie (vgl. Jurczyk et al. 2009: 31). Man betrachtet also eine systematische Rückführung oder auch Dynamisierung von regulierenden und auch abgrenzenden Strukturen von Arbeit. Historisch gesehen der Arbeitsstrukturen, die mit der tayloristisch-fordistischen Arbeits- und Sozialorganisation eingeführt und etabliert wurden (vgl. Kleemann/Voß 2010: 432). Dabei entstehen neue Formen der Organisation von Arbeit, ein Phänomen, welches seit Ende der 1980er zu beobachten ist. Die Entgrenzung von Arbeit versteht sich dabei als eine Leitrichtung der derzeitigen Veränderung von Arbeitsverhältnissen und umfasst alle Ebenen von Arbeit und Erwerb (vgl. Gottschall/Voß 2005: 18).

Dabei ist zu beachten, dass hier nicht Altes durch Neues ersetzt wird, sondern eine Mischung entsteht, welche durchaus fordistische Grundprinzipien nicht ausschließen muss (vgl. Jürgens 2006: 9). Es entwickelten sich also Veränderungen in der Arbeitswelt, die so weitreichend waren, dass sie zu unterschiedlichsten gesellschaftlichen Folgen geführt haben, unter anderem auch einer Modernisierung. Diese Veränderungen wurden durch das Ende der fordistischen Regulation des Kapitalismus eingeleitet. Man hat sich von dem vorherrschenden tayloristisch-fordistischen Grundsatz der Steuerungslogistik entfernt und dadurch die strikte Aufteilung und Kontrolle von Betriebsabläufen und Arbeitsvorgängen, sprich die alte Arbeitsteilung, beendet. Dies war allerdings nicht der einzige Wandlungsfaktor. Auch die Modelle des Normalarbeitsverhältnisses und des männlichen Alleinernährers wurden hinterfragt und verändert (vgl. Gottschall/Voß 2005: 16). Somit ist die Entgrenzung von Arbeit als multidimensionales Phänomen zu verstehen, welches Auswirkungen auf vielfältige gesellschaftliche Ebenen hatte. Dabei sind die aufgeführten Beispiele nur ein kleiner Teil des Wandels, zeigen aber durchaus das Maß an Dynamik.

Mit dem Fokus auf die letzten Jahrzehnte möchte ich nun die aktuellen Entgrenzungsentwicklungen von Arbeit aufzeigen. Ein wichtiger Faktor im aktuellen Wandel von Arbeitsstrukturen ist die räumliche Entgrenzung. Die Anzahl an Multiple-job-holders, Beschäftigten mit wechselnden Arbeitsorten und Mobilarbeitern, stieg nicht nur durch die wachsende Popularität des Homeoffice stetig an. In diesem Zusammenhang ist auch die *Telearbeit* oder auch *Teleheimarbeit* von Relevanz. Die Beschäftigten verrichten ihre Arbeit in der Regel von zu Hause aus. Das Phänomen der räumlichen Entgrenzung ist dermaßen verbreitet, dass es sich als Norm innerhalb der Arbeitswelt entwickelt hat (vgl. Gottschall/Voß 2005: 17). Eine weitere Ebene des aktuellen Wandels ist die technische Entgrenzung, welche durch die stetig wachsenden Informations- und Kommunikationsinnovationen bedingt wird. Eine moderne technische Ausstattung gehört mittlerweile zum Standard eines Unternehmens und dient dort der internen Rationalisierung und Effizienz (ebd.). Dazu kommt die qualifikatorische oder auch fachliche Entgrenzung, welche durch die steigende Dynamik innerhalb der Marktökonomie oder auch Produktionsorganisation entsteht. Die zunehmenden Ansprüche an die Mitarbeiter, möglichst vielfältige Veranlagungen und Expertisen vorzuweisen, erfordern eine stetige Weiterbildung bzw. Qualifizierung.

Lebensläufe werden für die Mitarbeiter somit immer komplexer und weniger planbar.

Die letzte Entwicklung bezieht sich auf die sozialen Bezugspunkte eines Mitarbeiters. Auch innerhalb dieser sozialen Ebene findet vermehrt eine Entgrenzung statt. Die Sozialorganisation von Betrieben, Beschäftigten oder der Arbeit allgemein wird immer wieder durch vermehrte projektorganisierte Arbeitsabläufe oder Gruppen- und Teamarbeit beeinflusst und letztendlich verändert. Eine konstante Abteilung mit einem festen Kreis an Kollegen, in der sich ein Beschäftigter dauerhaft befindet, gehört nur noch der Seltenheit an (vgl. ebd.). Neben den bereits genannten Formen der Entgrenzung innerhalb der Arbeit sind besonders die zeitliche Entgrenzung, oder auch Flexibilisierung, und die rechtliche Form der Entgrenzung, oder auch Deregulierung, hervorzuheben.

Diese Sonderformen nach Voß und Gottschall werden im folgenden Abschnitt genauer erläutert.

3.2 Die Flexibilisierung von Arbeit

Zunächst lässt sich feststellen, dass die genaue Bestimmung des Begriffs der Flexibilisierung weder leicht zu definieren ist, noch problemlos vom Entgrenzungsbegriff abgegrenzt werden kann. Daher findet man in der Literatur dazu unterschiedlichste Interpretationen. Fest steht, dass die Flexibilisierung mit der Entgrenzung einhergeht und diese beiden Phänomene in einer Wechselwirkung zu einander stehen. Auch der Begriff der Deregulierung lässt sich nicht klar von der Flexibilisierung trennen und ist daher innerhalb der nächsten Kapitel als Synonym zu verstehen. Man unterscheidet nach Schmiede und Schilcher zwischen zwei verschiedenen Dimensionen von Flexibilisierung – intern und extern. Interne Flexibilisierung beinhaltet einen Wandel der zeitlichen Dimensionen und der Art von Arbeit, während sich die externe Flexibilisierung auf räumliche Dimensionen und damit einhergehende Veränderungen in den Arbeitstätigkeiten fokussiert (vgl. Schmiede/ Schilcher 2010: 20f). Es folgen dazu ein paar Beispiele aus Deutschland:

Die Flexibilisierung der Arbeitszeiten in deutschen Betrieben und Unternehmen ist seit den 1980er Jahren zu erkennen (vgl. Jürgens/Voß 2007: 7). Innerhalb dieser Entwicklung haben sich viele Arbeitszeitmodelle fest in der Arbeitswelt etabliert. Beispielweise die Teilzeit-, Schicht-, Wochenend- und Gleitzeitarbeit gehören noch zu den konventionelleren Modellen.

Ungefähr ein Jahrzehnt später steigerte sich der Wunsch nach flexibleren Arbeitszeiten dermaßen, dass neue Modelle eingeführt wurden. Diese veränderten nicht nur die zeitliche Verortung der Arbeit, sondern auch die Dauer und die Verteilung; Beispiele hierfür sind flexible Mehrarbeit, zunehmende Wochenarbeitszeit oder auch die Freizeiten. Damit entfernte man sich von den starren standardisierten Zeiten von Massenherstellungen hin zu einem flexiblen und kundenorientierten Dienstleistungs- und Produktservice. Wichtige Elemente dieser neuen Modelle waren Jahresarbeitszeitmodelle, projektförmige Arbeitszeiten, Arbeitszeitkonten und Vertrauensarbeitszeit (vgl. Jürgens 2005: 39f).

Innerhalb dieses Rahmens haben sich zwei unterschiedliche Trends herausgebildet. Auf der einen Seite steht die Verkürzung der Arbeitszeit durch einen wachsenden Anspruch an Teilzeitarbeit und die Verlängerung der Arbeitszeit. Diese Distanzierung von der Normalarbeitszeit ging einher mit einer Distanzierung vom Normalarbeitsverhältnis in Deutschland. Man spricht allgemein von einem wachsenden Bedarf an atypischer Beschäftigung. Darunter fallen unterschiedlichste Beschäftigungsformen wie befristete Arbeit, geringfügige Arbeit, Zeitarbeit und auch die Teilzeitarbeit. Diese Beschäftigungsformen erscheinen gerade aus der heutigen Sicht nicht gerade revolutionär, doch bieten sie in Kombination mit der Flexibilisierung gesamter Betriebsabläufe völlig neue Formen der Effizienz. Es entstehen auch neue Formen der abhängigen Beschäftigung in Form von Selbstständigen oder freien Mitarbeitern (vgl. Geissler 2002: 7).

Ein weiterer wichtiger Aspekt ist die Flexibilisierung der räumlichen Dimensionen. Aufgaben werden aus dem Betrieb oder

Unternehmen ausgelagert, eine bezeichnende Veränderung, die in Deutschland vermehrt innerhalb der letzten Jahrzehnte die Arbeitsorganisation beeinflusste. Kooperationen mit externen Partnern, Projektarbeit, Gruppen- oder Teamarbeit und Arbeit in Fremdbetrieben werden immer mehr zur Norm. Unternehmerische Strategien dienen oftmals als Ursache für die Flexibilisierung. Damit versucht man, sich neuen wirtschaftlichen Herausforderungen wie dem steigenden Wettbewerb innerhalb der Globalisierung oder auch neuen Ansprüchen der Mitarbeiter adäquat zu stellen. Zusammenfassend lässt sich sagen, dass sich die strikten Modelle innerhalb der Industriegesellschaft aufgrund der zahlreichen Veränderungen einer modernen Arbeitsorganisation gewandelt haben.

Es fand eine Flexibilisierung und Dezentralisierung der Betriebsorganisation, Arbeitszeit, Beschäftigungsverhältnisse und Arbeitskonzepte statt (vgl. Jürgens 2006: 59). Man stellt sich nun die Frage, was dies für die betroffenen Individuen bedeutet. Dazu Gottschall und Voß:

„Entgrenzungen setzen Strukturen kontingent und lassen sie damit reflexiv werden; die Strukturen erweisen sich dabei als das, was sie sind (nämlich hergestellt und damit historisch), und verweisen damit darauf, dass sie von den Handelnden aktiv ergriffen und gestaltet werden müssen." (Gottschall/Voß 2005: 19)

Neben der Flexibilisierung von Arbeit ist auch die Subjektivierung ein Nebeneffekt der Entgrenzung. Auf dieses Phänomen möchte ich nun im Folgenden eingehen.

3.3 Die Subjektivierung von Arbeit

Bevor ich auf den Kontext zwischen der Entgrenzung von Arbeit und dem Nebenphänomen der Subjektivierung eingehe, beginne ich mit einer kurzen Definition zum Begriff der Subjektivität. Nach Kleemann und Voß beschreibt diese eine Gruppe an individuellen Dispositionen, Eigenschaften und Ressourcen eines Menschen, welche ihn als sozial eingebundenes Wesen innerhalb der Gesellschaft ausmachen (vgl. Kleemann/Voß 2010: 416).

„Subjektivität ist somit ein (wandelbares) Produkt der Verbindung zwischen Person und Gesellschaft, dass die Person in ihrer sozialen Umwelt positioniert." (vgl. Kleemann/ Matuschek/ Voß 2002: 57)

Subjektivität wirkt also im Individuum handlungsbefähigend und leitend, da man sie als eine Art individueller mentaler Ausstattung eines Menschen betrachten kann. Der Begriff der Subjektivität kann dabei durchaus unterschiedliche Fokusse einnehmen, entweder auf das Individuum bezogen oder auf die Bestimmung durch die Gesellschaft (vgl. ebd.). Nun folgt die Betrachtung der Wirkungs- und Verwendungsweisen der Subjektivität innerhalb der Erwerbsarbeit.

Die Subjektivierung markiert eine historische Entwicklung von subjektiven Leistungen oder Handlungen, die im Rahmen von Modernisierungstendenzen immer funktionaler werden. Im Kontext der Modernisierung tritt damit die Subjektivierung als Reaktion auf diese zunehmend kontingenten Umweltsituationen auf (vgl. ebd.).

In der Arbeitssoziologie versteht man unter der Subjektivierung von Arbeit die Intensivierung von Subjektivität innerhalb der Wechselwirkungen zwischen Person und Betrieb oder auch organisierten Arbeitsprozessen (vgl. ebd. 57f). Wichtige Elemente sind auch hier die Selbstbestimmung und die Bestimmung durch die Gesellschaft. Nach Kleemann/Matuschke/Voß lässt sich bei der Erwerbsarbeit sogar ein doppelter Subjektivierungsprozess feststellen. Auf der einen Seite führen die Veränderungen innerhalb der betrieblichen Strukturen zu einem funktionalen Bedarf an subjektiven Leistungen, auf der anderen Seite tragen aber auch die Individuen selber verstärkt durch steigende subjektive Ansprüche an ihre Arbeitgeber zu diesem Trend bei. Es geht also um ein Verhältnis zwischen dem Arbeitnehmer und seinen subjektiven Fähigkeiten, Leistungen, Interpretationen, Ansprüchen etc. und dem Betrieb, den strukturellen Situationen, Anforderungen und Handlungsspielräumen des Arbeitgebers (vgl. ebd. 58). Es wird die strikte Detailsteuerung und starre Arbeitskraftkontrolle des Taylorismus- oder auch Fordismus im Rahmen der Entgrenzung durch neue und liberalere Strategien ersetzt. Diese neuen Modelle und Formen der Arbeitsorganisation findet man vor allem in der Dienstleistungsbranche und qualifizierten Dienstleistungstätigkeiten wieder (vgl. ebd. 65). Weitere Tendenzen der Entgrenzung, wie beispielsweise der erweiterte internationale Wettbewerb und der dadurch steigende Konkurrenzdruck, zwingen den Betrieb zu einer Steigerung der Produktivität und Qualität. So kann man im Endeffekt die verstärkte betriebliche Nutzung von Subjektivität in der Arbeit betriebsorganisational und ökonomisch erklären sowie rechtfertigen.

Eine wichtige Frage, die daraus entsteht, ist die nach den Folgen für die neuen Beschäftigten: Was wird in diesem Rahmen von ihnen verlangt? Im Gegensatz zu den heutigen Anforderungen an Mitarbeitern waren im Rahmen des Taylorismus, durch starre Kontrollen und oftmals hierarchische Arbeitsteilungen, keine großen Handlungsspielräume für die Beschäftigten angedacht. Dies änderte sich mit den post-tayloristischen Arbeitsformen grundlegend. Anstelle von starren und detaillierten Strukturvorgaben wird eine immer größere Eigeninitiative und Selbstorganisation von den Arbeitnehmern verlangt, was sich ebenso in der wachsenden Verantwortung zeigt, die ein Mitarbeiter im Betrieb übernehmen muss. Dies ist ein Anspruch, der sich durch alle Dimensionen der Regulierung von Arbeit zieht, also räumlich, zeitlich, sachlich, sozial, sinnhaft und so weiter.

Dies ähnelt in gewisser Weise dem neuen Anspruch an besonders ausgefeilter Effizienz, versucht man doch, auch hier nur das größtmögliche Potenzial aus einem Mitarbeiter zu ziehen, um die größte ökonomische Verwertbarkeit zu erlangen (vgl. ebd. 67).

Der Mitarbeiter 2.0 muss seine Arbeit nicht nur eigenständig und verantwortlich strukturieren, sondern auch bislang kaum beachtete Kompetenzen nutzen wie Innovativität und Kreativität, Sozial- und Kommunikationskompetenzen, Begeisterungsfähigkeit und ultimative Leistungsbereitschaft, Loyalität und Solidarität etc. (vgl. ebd.). Ein wichtiger Begriff in diesem Zusammenhang ist der des „Arbeitskraftunternehmers", nach Voß und Pongratz. Besonders hierbei ist, dass das Subjekt in den Fokus der Forschung rückt, was den bisherigen Blickwinkel drastisch ändert. Theoretischer Ausgangspunkt ist, dass die Betriebe vermehrt vor der

Aufgabe stehen, die latente Arbeitskraft der Mitarbeiter in manifeste Arbeitsleistung umzuwandeln. Durch die Erhöhung der Verantwortlichkeit muss der Mitarbeiter die Arbeitsausführung zwar selber organisieren, wird aber im Detail doch indirekt und ergebnisorientiert gesteuert. Die drei elementaren Merkmale des „Arbeitskraftunternehmers" sind die erhöhte „Selbst-Kontrolle" von Arbeitsprozessen, die „Selbst-Ökonomisierung" im Sinne einer betriebsinternen und -externen Vermarktung und Optimierung der eigenen Arbeitskraft und die „Selbst-Rationalisierung". Der letzte Begriff beschreibt eine Lebensorganisation, die sich komplett der Effizienz verschrieben hat, Voß und Pongratz bezeichnen dies als „Verbetrieblichung der Lebensführung" (vgl. Voß 2007: 98f). An dieser Stelle wird deutlich, dass auch das Konstrukt des Lebens ein fundamentaler Bereich ist, der von der Subjektivierung von Arbeit betroffen ist.

Der Begriff des „Arbeitskraftunternehmers" erläutert ebenso wie die „doppelte Subjektivierung" die Subjektivierung auf Ebenen auch außerhalb der Erwerbstätigkeit. Sie analysieren lebensweltliche Veränderungen und zeigen eine Subjektivierung der Lebensgestaltung auf, dies auf Basis des neuen Verhältnisses zwischen Arbeit und Leben.

3.4 Die Entgrenzung von Arbeit und Privatleben

„Entgrenzt sich die Arbeit und dadurch der Zugriff auf Arbeitskraft, dann gerät auch die strukturelle Beziehung von betrieblich verfasster Erwerbsarbeitssphäre und Privatleben in Bewegung: Auch das gewohnte Verhältnis von „Arbeit und Leben" wird entgrenzt." (Voß 1998: 479).

Bisher wurde erläutert, dass eine Entgrenzung der Arbeit stattfindet und somit die Arbeitswelt, in den Faktoren Raum und Zeit, immer flexibler wird und von den Individuen eine wachsende Autonomie (bzw. „Selbstorganisation") verlangt. Die gesellschaftliche Entwicklungsdynamik der Entgrenzung von Arbeit und all ihre Nebenerscheinungen rufen daher auch eine Anpassung des Bereiches zwischen Arbeit und Privatleben hervor. „Zwar lösen sich die Unterschiede zwischen Erwerbsarbeit und Privatleben nicht auf, aber die strikte Trennung und hohe kollektive Regulierung von ‚Arbeit und Leben' gerät unter Druck." (Jürgens/Voß 2007: 3)

An dieser Stelle fragt man sich, wo die Risiken oder auch negativen Folgen dieser Wandlungstendenzen liegen und was dies genau für das Verhältnis von Arbeit und Privatleben zu bedeuten hat. Bevor darauf im Detail eingegangen wird, erscheint eine kurze Rekapitulation der Verhältnisse im Fordismus sinnvoll. Als Ergebnis der Entwicklung der vergangenen Feudalgesellschaft hin zur modernen Industriegesellschaft wurde auch eine klare Trennung der Lebensbereiche Arbeit und Privatleben vollzogen. Diese Entwicklung wurde maßgeblich durch die Verlagerung der Produktion in die Manufakturen und später auch Fabriken hervorgerufen (vgl. Jürgens 2010: 486). Mit der Durchsetzung des Industriekapitalismus entstand eine strukturelle Separierung von Tätigkeitsformen, die im Laufe des 20. Jahrhunderts eine Arbeitsteilung zwischen zwei Sphären entstehen ließ: Arbeit und Privatleben. Innerhalb der Sphäre der „Arbeit" stellten abhängige Beschäftigte Güter und Dienstleistungen her, um damit ihre Existenz und die ihrer Familie zu sichern. Innerhalb des Privatlebens wurde sich von den Strapazen der Arbeit erholt und ihm Rahmen des Haushalts, der Pflege und Erziehung von Kindern Arbeit

„reproduziert". Dabei nahm die Pflege sozialer Kontakte und individueller Bedürfnisse eher eine sekundäre Rolle ein (vgl. Jürgens/Voß 2007: 4).

Die Tätigkeiten wurden sachlich, räumlich und zeitlich klar voneinander getrennt, um so eine gesellschaftlich angesehene Ordnung und Struktur innerhalb der Lebensführung aufrechtzuerhalten – eine Ordnung, die die gesamte Gesellschaft charakterisierte (vgl. Jürgens/Voß 2007: 4).

Dies ist bereits ein wichtiger Anhaltspunkt für die manifestierte Arbeitsteilung und die aufkommende Ungleichheit zwischen den Geschlechtern. Im Fordismus wurden die einzelnen Sphären also durch Raum sowie durch Zeit strikt getrennt. Tarifverträge und Gesetze regelten die Arbeitszeiten und machten dadurch auch die „Freizeit", wenn sie denn eine war, klar kalkulierbar. Lebensläufe wurden durch diese Ordnung zunehmend standardisiert, dies äußerte sich beispielsweise in einer typischen Unterbrechung des Erwerbsverlaufs bei Frauen und einer fast lebenslangen Vollzeitbeschäftigung bei Männern. Ausbrüche aus dieser Norm waren eher selten und wurden gesellschaftlich auch nicht gerne gesehen (vgl. ebd. 5). Die Etablierung von erwerbsbezogenen Zeitinstitutionen, wie dem Normalarbeitstag, Urlaub, Wochenende und Ruhestand, konnte zudem einen direkten Zugriff des Betriebs auf die Arbeitskraft eingrenzen (vgl. Geissler 2002: 9). Ein wichtiger Faktor war auch die räumliche Trennung.

„Es gab einerseits Orte, an denen erwerbsbezogen in betrieblichem Rahmen gearbeitet wurde und andererseits vielfältige Räume, die anderen, nicht explizit zweckrationalen Tätigkeiten dienten." (Jürgens/Voß 2007: 5)

Dies lässt den Schluss zu, dass die Strukturen des Fordismus gleichermaßen limitierend, aber dadurch auch als schützend beschrieben werden können (vgl. ebd.). Dazu kann gesagt werden, dass das Verhältnis von Arbeit und Privatleben im Fordismus zwar hierarchisch zulasten des „Lebens" ging, gerade das der Frau, aber das Leben doch klar strukturiert, planbar und sicher war (vgl. Geissler 2002: 3).

Wie bereits angedeutet geraten diese festen Strukturen innerhalb des Post-Fordismus in beiden Lebensbereichen unter Druck. Unter der Berücksichtigung der unterschiedlichen Erscheinungen der Entgrenzung, Flexibilisierung und Subjektivierung von Arbeit schauen wir nun auf die neu aufkommende Ambivalenz und betrachten diese im Zusammenhang mit dem Bereich des Privatlebens.

Durch die Flexibilisierung von Arbeitszeiten musste der Faktor Zeit deutlich an Regulierung einbüßen. Infolge der neuen Arbeitszeitformen entstehen einerseits neue Entscheidungsalternativen und ausgedehnte Zeit-Souveränitäten für Mitarbeiter, andererseits kommt es dadurch auch zu massiven Synchronisationsproblemen mit dem Bereich des Privatlebens. Extrem flexible und moderne Arbeitszeiten wie zum Beispiel die Vertrauensarbeitszeit[4] führen zu Lebensrhythmen, die die Grenzen zwischen Arbeit und Leben immer undurchsichtiger werden lassen (vgl. Gottschall/Voß 2005: 20).

---

4   Ein Modell der Arbeitsorganisation, bei dem die Erledigung vereinbarter Aufgaben im Vordergrund steht, nicht die zeitliche Präsenz des Arbeitnehmers.

Man kann feststellen, dass die Regulierung von Zeit in unmittelbarer Wechselwirkung zum außerbetrieblichen Leben steht. Die Verlagerung von Arbeitszeit ins Wochenende oder auch flexible Mehrarbeit ziehen eine unmittelbare Anpassung im Privaten und somit eine zeitliche Neuorganisation des gesamten Alltags nach sich und fordern diese sogar (vgl. Jürgens 2005: 37). Neben der Planung des Alltags als neue Herausforderung scheinen ebenso die Zeitinstitutionen ihre ursprüngliche Gültigkeit einzubüßen. Interessanterweise haben einige Studien aufgezeigt, dass ein entscheidendes Verhältnis zwischen Flexibilisierung und betrieblichen Interessen besteht. Dieses wird nämlich überwiegend nach betrieblichen Belangen bestimmt und die individuelle Zeitpräferenz der Beschäftigten wird meist nicht berücksichtigt. Beispielsweise führen Arbeitszeitkonten häufig dazu, dass die Beschäftigten intervallweise sehr lange Arbeitszeiten hinnehmen müssen (vgl. Jürgens/Voß 2007: 7). „Fremdbestimmte" Flexibilisierung erweist sich insofern oft als weitere Belastungsquelle im Konfliktfeld „Arbeit-Leben" (ebd.).

Der nächste Faktor ist der Raum, der sich im Rahmen von wachsenden Arbeitsräumen und räumlichen Möglichkeiten immer stärker flexibilisiert. Durch die Entstehung von Multiple-Jobholders, Mobilarbeit, Teleheimarbeit etc., die gerade durch neue Informations- und Kommunikationstechnologien vorangetrieben und manifestiert werden, kann jetzt nicht mehr nur an einem Ort gearbeitet werden, im starken Gegensatz zu der Situation im Fordismus (siehe räumliche und technische Entgrenzung). Dies kann sowohl Belastung als auch Entlastung sein. Bei der Teleheimarbeit ist es, aufgrund von privaten Zeitphasen, sogar häufig unklar, wann erwerbsbezogen gearbeitet wird und wann nicht.

Ein zusätzlicher negativer Effekt, neben der flexiblen Erwerbstätigkeit an verschiedenen Orten, sind geforderte räumliche Anpassungen, die in Form von langen Pendelzeiten und Weiterbildungen bzw. Weiterqualifizierungen, durchaus in die private Zeit und besonders anstrengend sein können (siehe fachliche bzw. qualifikatorische Entgrenzung) (vgl. Gottschall/Voß 2005: 20). Man kann also feststellen, dass es häufig zu einer Öffnung der beiden Sphären Arbeit und Privatleben kommt und das die private Ebene immer schlechter geschützt werden kann. Wirtschaftliche Anforderungen und die Interessen des Betriebs bedingen immer stärker die privaten Lebenserfordernisse und Lebensgestaltungen der Menschen. Es werden Zustände etabliert, die während des Fordismus zwar auch zu beobachten waren, doch damals durch starr geregelte Ordnungen, auch innerhalb der Betriebe, geschützt wurden (vgl. Jürgens/Voß 2007: 7f).

Neben der bereits erwähnten Flexibilisierung führt ebenso die Subjektivierung von Arbeit zu einem ambivalenten Verhältnis zwischen Arbeit und Privatleben. Auf der einen Seite eröffnet die Subjektivierung den Beschäftigten durchaus erweiterte Gestaltungsspielräume, Verantwortung und Entscheidungsfreiheiten. Auf der anderen Seite kann dies aber auch bedeuten, dass es zu einem Zwang von Selbststeuerung und Selbstverwirklichung kommt und der Beschäftigte am Ende doch fremdgesteuert wird (vgl. Jürgens 2006: 69). Nach Voß ist sogar von „Ausbeutung subjektiver Potenziale" die Rede (vgl. Kleemann/Voß 2010: 432). Dies nicht zuletzt, weil die neuen Arbeitskonzepte erfolgsorientierter denn je sind. Es findet eine bemerkenswerte Transformation statt – von „Lohn gegen Leistung" zu „Lohn gegen Erfolg". Im Endeffekt bedeutet das, dass die Effizienz, das Ergebnis oder die

Erfolgszahlen zum Indikator für das Gehalt werden und nicht mehr die am Arbeitsplatz geleistete Zeit. Während also die Arbeitsgestaltung in der Verantwortung der Beschäftigten liegt, wird das Ergebnis kontrolliert und bewertet (vgl. Jürgens 2006: 71). Eine Erweiterung der Elemente Autonomie und Selbstorganisation werden zur betrieblichen Forderung und dieser Leistungsdruck wandelt sich zu einer Belastung, die zumindest auf psychologischer Ebene auch das Privatleben beeinflusst.

„Je selbstorganisierter Arbeitsformen werden, umso deutlicher verwischen sich die Zeiten (und Orte) der beiden bisher so klar getrennten Sphären." (Gottschall/Voß 2003: 20)

Doch nicht nur bei der Arbeit verlangen die Betriebe ein hohes Maß an Selbstverantwortung und Selbstorganisation, auch bei der Vereinbarkeit von Beruf und Privatleben sind diese Sozialkompetenzen gefragt. Aufgrund des Verschwimmens der beiden Lebensbereiche wird gerade das jedoch immer schwieriger, da den Beschäftigten dazu keine allgemein geltenden kollektiven Orientierungsmuster und institutionelle Rahmenbedingungen zur Verfügung stehen. Ein weiteres Element des „Arbeitskraftunternehmers" ist die Eigenleistung, die er erbringen muss, um diese Ordnungsstrukturen für sich aufzubauen, also eine Neubegrenzung der beiden Sphären durchzuführen. Die Gestaltung des Verhältnisses von „Arbeit und Privatleben" wird somit zur Leistung der Person (vgl. Jürgens/Voß 2007: 8f).

4 Das Konzept der Work-Life-Balance

Das folgende Kapitel handelt von dem Konzept der Work-Life-Balance. In den bisherigen Kapiteln wurde deutlich, dass die Balance, also ein Einklang von Privatleben/Familie und dem Beruf, durchaus eine Herausforderung im Leben der Geschlechter, vor allem der Frauen, darstellt. Dieser Sachverhalt hat mittlerweile solche Ausmaße angenommen, dass man durchaus von einem gesellschaftlichen Problem sprechen kann. Mit dem Ziel, ihren Beschäftigten genau dieses Problem abzunehmen, befassen sich immer mehr Betriebe und Unternehmen mit Work-Life-Balance-Maßnahmen. Es kann festgestellt werden, dass insbesondere heutzutage ein umfangreiches Work-Life-Balance-Angebot zum modernen Arbeiten in Europa gehört und bei den Arbeitnehmern immer gefragter ist. Ziel ist es, beiden Geschlechtern Maßnahmen anzubieten, die es ihnen ermöglichen, frei nach ihren individuellen Zielen und Wünschen ihre unterschiedlichen Lebensbereiche in Einklang zu bringen – natürlich nicht ohne den Selbstzweck der Effizienz. Eine der Überzeugungen, die hinter den oftmals nicht günstigen Maßnahmen steckt, ist, dass nur ein glücklicher und ausgeglichener Mitarbeiter auch effizient arbeiten kann und dem Unternehmen nur auf diese Weise sein volles Potenzial bieten kann. Zunächst erfolgt eine kurze Definition des Begriffs Work-Life-Balance, bevor ich dann einen historischen Überblick über die Entwicklung des Konzepts gebe. Daraufhin folgt eine kurze Vorstellung der bekanntesten Maßnahmen.

4.1 Definition

Work-Life-Balance ist ein Begriff aus dem US-amerikanischen Human Resource Management. Da das Thema erst seit Anfang der 90er Jahre für Wirtschaftsunternehmen und Wissenschaft präsent wurde, ist der Begriff in Deutschland noch relativ jung. Daher gibt es auch bis dato keine einheitliche und präzise Definition (vgl. Michalk/Nieder 2007: 17). Dies liegt vor allem an dem mehrdimensionalen Charakter des Konzepts und dessen Komplexität. Es geht „um die Konstitution von Lebensressourcen in der (Erwerbs-)Arbeit, um die Reproduktion von Arbeits- und Lebensfähigkeit im (Privat-)Leben, um die Realisierung lebensweltlicher Ansprüche in der Arbeit wie auch um die Realisierung der Lebenswelt." (Kratzer/Menz/Pangert 2013: 196). Dies bedeutet, dass nicht allein die bloßen Grenzen und Schnittstellen von Arbeit und Leben betrachtet werden müssen, sondern auch deren inhärente Strukturen.

Gerade im heutigen Sprachgebrauch findet der Begriff Work-Life-Balance eine recht breite Verwendung, von einem Oberbegriff für die Vereinbarkeit von Beruf und Familie auf einer normativen Ebene, über einem möglichen Spannungsfeld, im Fall einer zunehmenden Unvereinbarkeit. Auf der Handlungsebene sind die Individuen dann gezwungen, zu handeln, da Work-Life-Balance als ein äußerst erstrebenswerter Zustand propagiert wird. Somit ist Work-Life-Balance Technik und Methode zugleich, während innerhalb dieser Arbeit der Fokus auf der organisationalen Ebene und den Maßnahmen innerhalb von Betrieben liegt. Work-Life-Balance ist auch in Hinblick auf das Individuum ein ambivalentes Konstrukt. So geht es auf der einen Seite darum, etwas in Einklang bringen zu müssen, konkurrierende Anforderungen aus unterschiedlichen Sphären des Lebens zwingen das Individuum also dazu, handeln zu müssen. Auf der anderen Seite ist die Work-Life-Balance etwas durchweg Individuelles und wird maßgeblich durch die eigenen Ansprüche an die Lebensführung bedingt.

Allerdings ändern sich diese Ansprüche mit der Zeit, ein weiterer Faktor unserer modernen Gesellschaft. Somit müssen die einzelnen Dimensionen der Work-Life-Balance wie Raum, Ziel und Zweck ständig neu durchdacht und hinterfragt werden, dabei sind nicht primär Symmetrien zwischen den einzelnen Bereichen das Ziel (vgl. Kratzer/Menz/Pangert 2013: 196). Vielmehr geht es um eine individuelle Dynamik, die wiederum nicht ohne bestimmte Rahmenbedingungen und Ressourcen bestehen kann. Diese sind im Privatleben zu finden, aber auch im Betrieb, in Form von speziellen Angeboten und Arbeitszeitmodellen. Dieser Rahmen wird vom Betrieb festgelegt und ist häufig nicht variabel (vgl. ebd.).

Eine kurze Begriffsklärung im Kontext des Work-Life-Balance Konzepts: „Work", also die Arbeitswelt, umfasst hier „alle Tätigkeiten, Rahmenbedingungen, Rollen, Funktionen und strukturellen Gegebenheiten, die in Beziehung zur Arbeit, zum Beruf und zu allem, was damit in Verbindung gebracht wird, gesetzt werden können." (Michalk/Nieder 2007: 19). Die Struktur dieser Arbeitswelt stellt der Betrieb, was immer gleich bleibt, sind die drei Parameter Zeit, Tätigkeiten und Handlungen und strukturelle Gegebenheiten (vgl. ebd.). Das Gegenstück dazu ist der Begriff „Life" als Lebenswelt, dieser beschreibt nicht nur die Freizeit, sondern auch die Arbeit, die in den privaten Bereich fällt. Die Freizeit wird innerhalb dieser Theorie als „Restkategorie" bezeichnet (ebd. 20

nach Voß). Unter Berücksichtigung dieses Konstrukts und in Bezug auf die organisationale Ebene kann man sagen:

„Work-Life-Balance bedeutet eine neue, intelligente Verzahnung von Arbeits- und Privatleben vor dem Hintergrund einer veränderten und sich dynamisch verändernden Arbeits- und Lebenswelt. Betriebliche Work-Life-Balance-Maßnahmen zielen darauf ab, erfolgreiche Berufsbiografien unter Rücksichtnahme auf private, soziale, kulturelle und gesundheitliche Erfordernisse zu ermöglichen." (Michalk/Nieder 2007: 22 nach BMFSFJ 2005)

4.2 Entwicklung

Bei der Entwicklung von Work-Life-Balance als arbeitsorganisatorisches Konzept lassen sich insgesamt zwei Phasen identifizieren, in denen das Thema auch gesellschaftlich von höherer Relevanz war. Im Rahmen der zweiten Frauenbewegung in den 70er Jahren wurde das Verhältnis von Arbeit und Leben, gerade mit Fokus auf die geschlechtliche Arbeitsteilung, stark hinterfragt. Gefordert wurde eine Erleichterung für Frauen und besonders für Mütter, in die Arbeitswelt einzusteigen und eine Karriere aufzubauen (vgl. Oechsle 2008: 228).

Diese Debatte wurde durch die steigende Erwerbstätigkeit der Frau, den Wertewandel, den Wandel des traditionellen Familienmodells und die dadurch entstandene Doppelbelastung für Frauen von neuem entfacht (siehe 2.3). Standardisierte Modelle der Arbeitswelt wie das Normalarbeitsverhältnis unter einer Vollzeitbeschäftigung mit strikten Arbeitszeiten passten nicht mehr zu den Anforderungen der Frauen.

Gefordert wurden mehr Arbeitsplätze in Teilzeit und eine allgemein flexiblere Ordnung der Arbeitszeitorganisation.

Dadurch erhofften sich die Frauen eine optimalere Anpassung an die familiären Bedürfnisse und Anforderungen (vgl. Kratzer/Menz/Pangert 2013: 191f).

In der Soziologie, genauer der Arbeits- und Wirtschaftssoziologie, spielt der Begriff der Work-Life-Balance und schlicht die ganze Thematik des Verhältnisses von Arbeit und Leben erst seit der Entgrenzung von Arbeit eine zentrale Rolle. Dadurch geriet nicht nur die Frage nach einem Einklang zwischen Beruf und Privatleben in einen stärkeren Fokus, sondern auch der Wunsch nach einer beruflichen Angleichung der Geschlechter. Doch der Umgang mit diesen Themen bietet auch Risiken und neue Anforderungen an die Geschlechter, die Vereinbarkeit von Beruf und Privatleben besser zu synchronisieren (vgl. Kratzer/Menz/Pangert 2013: 192). Aus diesem Anspruch, gepaart mit dem Wunsch einer stärkeren beruflichen Gleichberechtigung der Geschlechter, ist das Konzept der Work-Life-Balance entstanden, welche keine rein weibliche Thematik ist. Vielmehr geht es um doppelte Anforderungen in Beruf, Familie, Freizeit und in sozialen Beziehungen, frei von Geschlechtern (vgl. Oechsle 2008: 228). Somit kann gesagt werden: „Work-Life-Balance ist, wenn man so will, die Antwort auf die in der Entgrenzungsthese formulierten Problemstellungen." (Kratzer/Menz/Pangert 2013:193)

4.3 Maßnahmen

Genauso mehrdimensional und komplex das Konzept der Work-Life-Balance in der Theorie zu sein scheint, genauso sind auch die praktischen Maßnahmen, die bereits in einigen Unternehmen als absoluter Standard in die betriebliche Arbeitskultur aufgenommen wurden. Dabei gibt es auch hier keine einheitlichen und allgemeingültigen Ordnungen, sondern bloß auf jedes Unternehmen zugeschnittene Work-Life-Balance-Angebote. Damit will man unter anderem sicherstellen, dass die Maßnahmen zum Unternehmen und seiner organisationalen Identität passt (vgl. Kratzer/Menz/Pangert 2013: 199). Innerbetriebliche Work-Life-Balance-Maßnahmen werden im engen Austausch mit allen beteiligten Personen im Unternehmen entwickelt und richten sich nach spezifischen Zielgruppen. Es wird genau darauf geachtet, in welchen Lebensphasen sich die Mitarbeiter befinden, um möglichst passende Angebote im Betrieb zu etablieren. Passend zu der Subjektivität und Individualität des Verständnisses von Work-Life-Balance müssen auch individuelle Lösungen geboten werden, je nach Prioritäten im Leben, Belastungsgrad, Stressempfinden etc. (vgl. Michalk/Nieder 2007: 28f).

Diese Arbeit kann nur einen Teilaspekt des Konzepts von Work-Life-Balance auf sein Potenzial hin überprüfen. Da es in meiner Arbeit vor allem um die beruflichen Chancenungleichheiten zwischen den Geschlechtern geht, beziehen sich meine weiteren Ausführungen der Work-Life-Balance-Maßnahmen vor allem auf die Angebote für Frauen und Mütter. Dazu ein kurzer Rückblick: Wie bereits erläutert hat die familiäre Situation einen fundamentalen Einfluss auf die Arbeitswelt von Frauen und Männern. Es konnte bereits festgestellt werden, dass vor allem die Frauen weiterhin hauptsächlich für die Familien-, Haus- und Sorgearbeit verantwortlich sind und ihnen genau dieser Faktor für eine erfolgreiche Integration auf dem Arbeitsmarkt im Weg steht. Im Weiteren werden also Maßnahmen vorgestellt, die erwerbstätigen Müttern und Vätern die Vereinbarkeit von Beruf und Familie erleichtern sollen. Es bleibt festzuhalten, dass gerade die familienfreundlichen Maßnahmen in den Betrieben förderlich für die Karriere der Frau sind.

Elternzeit: Kontakthalte- und Wiedereinstiegsprogramme

Eltern haben die Möglichkeit, innerhalb der ersten drei Lebensjahre ihres Kindes für diese drei Jahre Elternzeit in Anspruch zu nehmen. Mit der Zustimmung des Arbeitsgebers können diese drei Jahre um weitere 12 Monate verlängert werden. Diese Maßnahme soll den Eltern erlauben, leichter den Kontakt mit dem Betrieb zu halten und dadurch unproblematischer wieder in den Beruf einsteigen zu können. Der Wiedereinstieg soll beiden Geschlechtern den Wiedereinstieg nicht nur erleichtern, sondern regelrecht schmackhaft gemacht werden. In dieser Zeit werden unterschiedliche Maßnahmen angeboten wie Weiterbildungen, Homeoffice oder auch Kombinationen aus Teilzeitarbeit und Elternzeit.

Als Beispiel kann man die Maßnahmen der HypoVereinsbank AG anführen. Das Unternehmen bietet Mitarbeitern einen „Teilzeitanspruch auf Probe", der sich an alle diejenigen richtet, die möglichst frühzeitig wieder in den Beruf einsteigen wollen. Somit wäre ein milder Einstieg garantiert, der die Vereinbarkeit von Familie und

Beruf, gerade während der ersten Kindsjahre, ohne Fremdbetreuung ermöglicht. Des Weiteren wird ein großer Wert auf einen bestehenden Kontakt gelegt, um dem Mitarbeiter weiterhin ein Zugehörigkeitsgefühl zu vermitteln und ihn über alle betrieblichen Belange informiert zu halten.

Dies geschieht zum Beispiel durch regelmäßige Gespräche mit Ansprechpartnern aus dem Team und mit den Führungskräften sowie durch Zusendungen von Mitarbeiterzeitschriften und anderen Materialien. Darüber hinaus werden individuelle Einarbeitungsprogramme, beispielsweise in Form von Informations- und Kommunikationsplattformen angeboten (vgl. Michalk/Nieder 2007: 64ff).

Arbeitszeitflexibilität und Arbeitszeitsouveränität

Der Großteil der familienfreundlichen Maßnahmen sind flexible Arbeitszeitmodelle. Gerade in der Kinderbetreuung wird es immer wichtiger, die Arbeitszeiten so individuell wie möglich zu gestalten, um auf jedes mögliche Szenario mit Kind reagieren zu können. Besonders beliebt sind daher Modelle, in denen der Beginn und das Ende der Arbeitszeit ebenso wie freie Tage oder kurzfristige Arbeitsunterbrechungen frei wähl- oder einsetzbar sind. Mögliche Maßnahmen hierfür sind Gleitzeitarbeit, Überstundenkonten, Arbeitszeitfestlegungen im Team oder Vertrauensarbeitszeit, die frei nach den Bedürfnissen der Mitarbeiter eingesetzt werden können (vgl. Klenner 2007: 21f). Arbeitszeitkonten beugen unkontrollierten Überstunden vor und helfen, geeignete Ausgleichsregelungen zu finden. Somit dämmt man auch die Anwesenheitskultur in den Unternehmen ein und garantiert mehr Effizienz in den tatsächlichen Arbeitsstunden. Wie bereits erwähnt müssen Work-Life-Balance-Maßnahmen flexibel an die Lebensphasen des Mitarbeiters anzupassen sein, dafür stehen wandlungsfähige Arbeitszeitgestaltungen wie auch verkürzte Arbeitszeitwochen. Dies eignet sich besonders gut in Familien-, Pflege- oder Weiterbildungsphasen. Weitere Angebote in diesem Bereich können Kurzsabbaticals[5] darstellen, beispielsweise um die Eingewöhnung eines Kindes zu begleiten, oder auch das Term-Time Working, bei dem Mitarbeiter während der Schulferien freigestellt sind (vgl.ebd. 21).

Ein weiterer wichtiger Faktor in diesem Rahmen ist die Optionalität der Arbeitszeit. Wie bereits erwähnt bieten Teilzeitarbeitsmodelle eine gute Möglichkeit, Kinder in einer Lebensphase ohne die Möglichkeit einer Fremdbetreuung zu erziehen.

Allerdings sind diese Modelle oftmals nicht flexibel genug, um möglicherweise steigendem Arbeitsvolumen während des Heranwachsens der Kinder auch gerecht zu werden (vgl. ebd. 20). Befristet vereinbarte Teilzeitphasen bieten eine geeignetere Möglichkeit, sich einem dynamischen Stundenvolumen anzupassen, da zu einem späteren Zeitpunkt die Arbeitszeit wieder aufgestockt werden kann.

Kinderbetreuungsmaßnahmen

Ein gesicherter Betreuungsplatz für Kinder entsprechen in Deutschland nicht der Norm und viele Arbeitnehmer fühlen sich

---

[5]   Das Sabbatical oder das Sabbatjahr ist ein Arbeitszeitmodell für einen längeren Sonderurlaub. Je nach Unternehmen werden diese Unterbrechungen auch bezahlt.

gezwungen, ihren Arbeitsplatz zum Wohle des Kindes zu verlassen.

„Es scheint inzwischen in Deutschland Konsens zu sein, dass der Ausbau von Kinderbetreuungsmöglichkeiten ein wichtiger Ansatz zur besseren Vereinbarkeit von Familie und Beruf und gleichzeitig zur Erhöhung der Erwerbsbeteiligung von Frauen ist." (Michalk/Nieder 2007: 67)

Diese sechs Modelle betrieblich geförderter Kinderbetreuung beugen der beschriebenen Situation vor: Einzelbetriebliche Kindertagesstätten betreuen ausschließlich Kinder von Mitarbeitern. Öffnungszeiten, Aufnahmebedingungen und sonstige Strukturen sind dabei stark an die Bedingungen des Unternehmens angepasst und bieten daher auch einen Nutzen. Träger der Einrichtungen sind die Unternehmen selbst, dabei ist die Gestaltung des Betreuungsangebots bedarfsgerecht und flexibel. Für den Fall, dass sich kleine, weniger finanzstarke Betriebe keine eigene Einrichtung leisten können, bieten sich überbetriebliche Kooperationen mit anderen Unternehmen an (vgl. ebd. 68). Als gutes Beispiel fungiert hier DaimlerChrysler: In einer 2001 geschlossenen Betriebsvereinbarung hat das Unternehmen umfassende Maßnahmen zur flexiblen Gestaltung von Kinderbetreuungszeiten formuliert. Daraufhin wurden an mehreren Standorten Betriebskindergärten und Notbetreuungsplätze zur Verfügung gestellt (vgl. ebd. 69).

Eine weitere Möglichkeit sind betriebsnahe Einrichtungen auf Stadtteilebene, die nicht vollständig den Betrieben gehören. Dabei least, pachtet oder kauft das Unternehmen eine Kindertageseinrichtung, welche sich in unmittelbarer Nähe zum Betrieb befindet.

Die Trägerschaft der Kindertageseinrichtung wird dabei an einen freien Träger übertragen.

In diesem Modell können auch Kinder der Stadtteil-Anwohner betreut werden. Die organisatorische Einflussnahme der Betriebe ist zwar begrenzt, aber dennoch vorhanden (vgl. ebd. 70). Ein Beispiel für eine kooperative Einrichtung auf Stadtteilebene ist die „Kindertagesstätte Hünefeldstraße e. V.", die von den Bremer Firmen Airbus Deutschland GmbH, STN Atlaselektronik, Astrium Space Infrastructure und der Bremer Straßenbahn AG auf einem Gelände der Airbus Deutschland GmbH gegründet wurde. Hier stehen den Mitarbeitern insgesamt 50 Plätze für Kinder im Alter von 3 bis 6 Jahren zur Verfügung (vgl. ebd. 71).

Doch nicht immer geht der Weg nur über die Einrichtung eigener Tagesstätten. Auch der Erwerb von Belegplätzen in bestehenden Einrichtungen hat sich mittlerweile in den Betrieben etabliert. Dabei handelt es sich um eine Art Tauschgeschäft zwischen Einrichtung und Unternehmen. Das Unternehmen sichert sich die Belegrechte für eine bestimmte Anzahl von Betreuungseinrichtungen und leistet im Gegenzug eigene Förderungen (z. B. Zuschüsse oder Geld- und Sachspenden). Durch eine entsprechende Finanzierung kann das Unternehmen seinen organisatorischen Einfluss bei Bedarf ausweiten, um beispielsweise die Öffnungszeiten bedarfsgerecht anzupassen (vgl. ebd. 71). Als Beispiel dient hier der Kreisverband Arbeiterwohlfahrt Kiel e. V., der für fünf Unternehmen sowohl die Bereitstellung als auch Reservierung von jeweils bis zu 20 Plätzen in 12 Kindertagesstätten und bei Tagesmüttern regelt (vgl. ebd.). Auch durch die Förderung von Elterninitiativen innerhalb der Belegschaft können neue Einrichtungen zur

Kinderbetreuung geschaffen werden, welche organisatorisch flexibel sind (vgl. ebd. 71f). Die HypoVereinsbank AG betreibt beispielsweise am Standort München eine kommunal bezuschusste Elterninitiative (vgl. ebd. 73).

Ein weiteres Modell findet man beim regionalen Kooperationsverbund. Dort werden bereits bestehende Betreuungsplätze mit weiteren Organisationsformen (z. B. Babysitter, Tagesmütter, Tagespflegevereine etc.) verbunden. So können noch individuellere und bedarfsgerechtere Lösungen bereitgestellt werden, beispielsweise im Fall von plötzlichen Überstunden (vgl. ebd. 72). Ein interessantes Beispiel ist die Wintershall AG, die im Jahr 2001 den Bereich Work-Life-Service gründete. Innerhalb dieses Programms vermittelt das Unternehmen u. a. qualifizierte Babysitter, Tagesmütter, Kinderfrauen oder Au-pair-Mädchen an Mitarbeiter (vgl. ebd.).

Da Arbeitszeiten gerade in größeren Unternehmen und Konzernen oftmals nicht kalkulierbar und immer am tatsächlichen Arbeitsaufwand orientiert sind, finden sich auch immer mehr Betreuungsarrangements für Ausnahmesituationen. Außerbetriebliche „Backup"-Betreuungen bzw. Notfallbetreuungen, sichern die Kinderbetreuung, wenn die normale Kinderbetreuung nicht mehr fassen kann. Diese „Backup"-Betreuungen umfassen Umstände wie Krankheitsfälle der Tagesmutter, Schließzeiten der Einrichtung, Wochenendarbeit oder die Teilnahme an Fort- und Weiterbildungen (vgl. ebd. 72f).

Nachdem nun einige Maßnahmen zur besseren Vereinbarkeit von Familie und Beruf mit Fokus auf Kinderbetreuung vorgestellt wurden, bleibt festzuhalten, dass der Erfolg dieser Initiativen maßgeblich von der Unternehmenskultur abhängig ist. Nur ein familienfreundlicher Betrieb, der seine Mitarbeiter auch anhält, diese Maßnahmen anzunehmen, sorgt für ein familienfreundliches Klima. Die Inanspruchnahme von Einzelmaßnahmen, wie beispielsweise Elternzeit, Teilzeit, Freistellungen zur Pflege kranker Kinder oder Angehöriger, darf vom Betrieb nicht negativ sanktioniert werden. Wichtig ist hier eine völlige Toleranz und Akzeptanz, idealerweise auch eine unterstützende Haltung, die keine negative Beurteilung der Leistung nach sich zieht (vgl. Klenner 2007: 19f). Diese Unternehmensphilosophie als fundamentaler Teil im Erfolg von Work-Life-Balance-Maßnahmen kann sich dann auch auf das Verständnis der Kollegen übertragen. Dies kann auch zu einer gesellschaftlichen Akzeptanz dieser Maßnahmen führen und dazu, dass mehr Männer diese wahrnehmen (vgl. ebd.). Neben einer transparenten und ansprechenden Kommunikation dieser Maßnahmen steht das Unternehmen auch in der Schuld, die weibliche Stigmatisierung der Pflege- und Heimarbeit zu unterbinden (vgl. Michalk/Nieder 2007: 64).

5 Kritische Untersuchung

Ein optimierter Umgang mit der Thematik Work-Life-Balance ist eine Sensibilisierung für die offenkundigen Ungerechtigkeiten im bestehenden System. Das erfolgreiche Ausbalancieren von Arbeit und Leben bedeutet eben auch einen Einklang von Beruf und Familie. Doch dieser Einklang darf nicht auf Kosten der Frauen stattfinden, sondern soll ein Anspruch sein, der kein Geschlecht kennt. Auf genau diesen Punkt möchte ich nun die bereits in Unternehmen bestehenden Work-Life-Balance-Maßnahmen hin untersuchen.

Ermöglichen sie die gewünschte berufliche Angleichung der Geschlechter oder sorgen sie nur für eine Manifestierung der bestehenden Ungleichheiten? Aufschluss geben aktuelle Kennzahlen des Bundesministeriums für Familie, Senioren, Frauen und Jugend.

„Eine lebensphasenorientierte Personalpolitik, die auch Beschäftigte ohne Kinder oder pflegebedürftige Angehörige einbezieht, findet sich zurzeit erst in 43 Prozent der Unternehmen. Dagegen bemessen mehr als 81 Prozent der Beschäftigten dem Thema Familienfreundlichkeit auch ohne aktuellen Betreuungsaufwand eine hohe Bedeutung bei." (BMFSFJ 2016: 7).

Lediglich ein Prozent der Personalverantwortlichen gab an, keinerlei familienfreundliche Maßnahmen im Unternehmen anzubieten. Familienfreundliche Work-Life-Balance-Maßnahmen hängen unmittelbar mit der Zufriedenheit des Mitarbeiters im Betrieb zusammen und damit mit der Stärke der Mitarbeiterbindung. So steigt der Anteil der unzufriedenen Beschäftigten von knapp 5

Prozent auf 27 Prozent, wenn die Führungskraft die Inanspruchnahme familienfreundlicher Maßnahmen nicht unterstützt. Laut des Unternehmensmonitors für Familienfreundlichkeit aus dem Jahr 2016 ist der Großteil der Unternehmen gegenüber familienfreundlichen Work-Life-Balance-Maßnahmen positiv gestimmt und arbeitet diese auch in ihre Unternehmenskultur ein. Eine weitere interessante Studie dazu findet sich im Rahmen des Projekts „Lanceo – balanceorientierte Leistungspolitik". Unternehmen sensibilisieren sich demnach zunehmend gegenüber der Work-Life-Balance-Problematik und arbeiten gezielt, aber doch sehr selektiv an passenden Maßnahmen (vgl. Kratzer/Menz/Pangert 2013: 199). Die Zielgruppe beschränkt sich häufig recht stark auf Fachkräfte und Führungspersonal, während Mitarbeitern aus unteren Managementebenen die Maßnahmen verwehrt bleiben.

Um einem bestehenden Fachkräftemangel entgegenzuwirken und qualifizierte Fachkräfte anzuwerben, bedienen sich vor allem Unternehmen aus dem Bereich „wissensintensive Dienstleistungen" Attributen eines familienfreundlichen und Work-Life-Balance entsprechenden Unternehmens (vgl. Kratzer/Menz/Pangert 2013: 200). Obwohl es also in den letzten Jahren vermehrt zu einem wesentlich bewussteren Umgang mit der Work-Life-Balance in Unternehmen gekommen ist, bleiben die Gestaltungsansätze selektiv und fragmentiert.

Dies kann unter anderem daran liegen, dass Work-Life-Balance immer noch ein Spartenthema ist, das noch keine zentrale Funktion in allen Managementebenen einnimmt (vgl. ebd. 200f).

Besonders verbreitet unter den Work-Life-Balance Maßnahmen sind flexible Arbeitszeitmodelle. Diese werden laut des

Unternehmensmonitors für Familienfreundlichkeit 2016 von knapp 76 Prozent der befragten Unternehmen, in Form von individuell ausgestalteten Arbeitszeitmodellen, angeboten (vgl. BMFSFJ 2016: 18). Dabei reicht die Spannbreite von den klassischen Modellen wie Gleitzeit- und Teilzeitarbeit bis hin zu Telearbeit, Arbeitszeitkonten und Vertrauensarbeitszeit. Man kann annehmen, dass diese Regelungen zu einer besseren Vereinbarkeit von Erwerbsarbeit und Familie beitragen, indem sie innerhalb des Alltags Spielräume ermöglichen. Doch auch hier ist Vorsicht geboten und auf folgende Faktoren muss geachtet werden: Flexible Arbeitszeiten können auch in Mehrarbeit und Überforderung überschlagen, daher ist es fundamental, dass zu jedem Zeitpunkt die Mitarbeiter die volle Mitbestimmung über Lage und Dauer der Arbeitszeiten haben. Dabei können betrieblich veranlasste Arbeitszeitkonten, bei denen flexibel und kurzfristig die Arbeitszeiten an Auftragslagen oder Kundenwünsche angepasst werden können, problematisch werden. Dies kann gerade perspektivisch gesehen die Organisation des Alltags von Eltern erschweren. Doch der Unternehmensmonitor Familienfreundlichkeit 2016 signalisiert tendenziell einen Trend der Unternehmen zu individualisierten Lösungen, mit einer Beteiligung der Beschäftigten im Aushandlungsprozess (vgl. ebd. 18). Eine gute Maßnahme sind hier Vertrauensarbeitszeiten, da sie den Beschäftigten eine hohe Selbstbestimmung ermöglichen. Im Unternehmensmonitor 2016 zeichnet sich auch bezüglich dieser Maßnahme ein positiver Trend ab (vgl. ebd. 18).

Neben den Angeboten an Work-Life-Balance-Maßnahmen im Unternehmen möchte ich nun im Folgenden den Erfolg dieser Maßnahmen speziell bei Frauen untersuchen. Wie bereits herausgearbeitet sind Frauen weiterhin hauptsächlich für die „Care-Work" in den eigenen vier Wänden verantwortlich, während die Männer ihren Karrieren nachgehen. Erst wenn diese ungleiche Arbeitsteilung ein Ende findet, kann die Frau sich auch beruflich weiterentwickeln und emanzipieren. Man konnte bereits feststellen, dass überwiegend Frauen familienfreundliche Work-Life-Balance-Maßnahmen in Anspruch nehmen. Dies kann unter anderem daran liegen, dass Männer bis dato nicht expliziter Teil der Zielgruppe waren.

35 Prozent der befragten Unternehmen bieten Maßnahmen speziell für Väter an, dies beispielsweise durch die Ermutigung in Elternzeit zu gehen oder Teilzeit zu arbeiten. Wenn man bedenkt, wie fest die Vorurteile und Genderisierung in der Kinderbetreuung manifestiert sind, böte sich eine direkte Kommunikation mit Vätern an. Jedoch kann auch hier im Vergleich zu den Vorjahren von einem positiven Trend gesprochen werden (vgl. BMFSFJ 2016:21). Trotzdem kann man nicht von einem Gleichgewicht der Geschlechter in der Nutzung von Work-Life-Balance-Maßnahmen sprechen. Die Akzeptanz und Teilnahme an familienfreundlichen Angeboten hängt stark von der Unternehmenskultur und dem Betriebsklima ab. Viele Männer scheuen sich, trotz eigenen Wunsches, eine so weiblich dominierte Domäne zu betreten (vgl. Jurczyk 2004: 51). Häufig im Weg ist hier die unternehmenstypische Vollzeitmentalität, die die Beschäftigte dazu veranlasst, ihre familiären Verpflichtungen der Arbeit unterzuordnen. Diese Frage des Images steht ihnen dann möglicherweise im Weg bei der Inanspruchnahme von Elternzeit oder Teilzeitangeboten (vgl. Klenner/Lillemeier 2012: 15).

So umfangreich und nützlich Work-Life-Balance-Maßnahmen in Unternehmen auch sein könne, sind sie doch stark an den wirtschaftlichen Gegebenheiten des Betriebs gebunden.

„Der Bekanntheitsgrad von personalpolitischen Maßnahmen, der faktische Zugang zu den Maßnahmen und die Passgenauigkeit der Maßnahmen scheinen nicht in vollem Umfang dem zu entsprechen, was die personalpolitischen Leitlinien nahelegen oder sich die Beschäftigten wünschen." (BMFSFJ 2016: 7)

Faktoren wie die fortschreitende Entgrenzung von Arbeit, der globale Wettbewerb und die Beschleunigung des Kapitalismus sorgen dafür, dass die Interessen der Beschäftigten nicht immer im Ganzen berücksichtig werden können (vgl. Peuckert 2008: 363). Dies führt auch dazu, dass die prinzipiell guten Maßnahmen einen bitteren Beigeschmack bekommen. Ein gutes Beispiel ist hier die Arbeitszeitsouveränität. Zwar versprechen Work-Life-Balance-Maßnahmen eine bessere Vereinbarkeit mit dem Privatleben, doch bleibt dies nur eine Anpassung an ein von Leistung und Effizienz getriebenes System, welches mit Balance und Natürlichkeit nichts gemein hat. An diese durchweg überfordernden Ergebnisziele können sich die Mitarbeiter durch Work-Life-Balance-Maßnahmen zwar besser anpassen als vorher, jedoch ist auch hier ein hohes Maß an Organisation notwendig, dessen Fehlen sich häufig in wachsenden Synchronisationsprobleme äußert (vgl. Kratzer/Menz/Pangert 2013: 201). Maßnahmen zur Kinderbetreuung werden sehr breit angeboten, über 50 Prozent der Unternehmen unterstützen ihre Beschäftigten bei der Kinderbetreuung oder der Pflege von Angehörigen (vgl. BMFSFJ 2016: 23). Dazu hat sich auch die öffentliche Versorgung mit Betreuungsplätzen und

Kindertageseinrichtungen in den letzten Jahren deutlich verbessert (vgl. ebd. 24). Ferner sollte erwähnt werden, obwohl dies nicht der Fokus dieser Arbeit ist, dass der Care-Gedanke überwiegend auf die Kinderbetreuung verkürzt wird. Maßnahmen zur besseren Unterstützung im Falle eines Pflegebedürftigen werden nur sehr begrenzt angeboten, obwohl die Thematik in den letzten Jahren an Relevanz gewonnen hat. Der Anteil an teilweiser Freistellung für die Pflege von bedürftigen Angehörigen liegt bei 35 Prozent. Vollstände Freistellungen bei knapp 14 Prozent (vgl. BMFSFJ 2016: 31).

Leider werden Maßnahmen zur besseren Vereinbarkeit von Familie und Beruf nicht von allen Geschlechtern gleich stark in Anspruch genommen. Dies zeigen auch aktuelle Zahlen.

Der Väterreport des Ministeriums für Familie, Senioren, Frauen und Jugend von 2016 zeigt vor allem eines: den guten Willen der Männer. So sagen rund 70 Prozent aller berufstätigen Männer, dass sie sich stärker in die Kinderbetreuung und Erziehung einbringen wollen, als es noch die Väter ihrer Elterngeneration getan haben. Dies ist unter anderem stark verknüpft mit der beruflichen Emanzipation der Frau und der wachsenden Ablehnung des allein männlichen Ernährermodells. So wünschen sich 76 Prozent der jungen Männer heute eine Partnerin, die selbst für den eigenen Lebensunterhalt sorgt. 60 Prozent aller Paare halten es für ideal, wenn ab einem Kindesalter von drei Jahren beide Partner wieder gleichermaßen berufstätig sind. Dies entspricht aber leider nur einem Ideal. Tatsächlich verwirklicht wird ein partnerschaftlich ausgeglichenes Modell nur von einer Minderheit von 14 Prozent der Eltern. So liegt die Zahl der Väter, die im Rahmen der

Elternzeit ihre Arbeitsstunden reduzieren oder die Erwerbstätigkeit gleich für einen bestimmten Zeitraum unterbrechen, bei knapp 30 Prozent, 79 Prozent davon unterbrechen ihre Erwerbstätigkeit maximal für zwei Monate. Väter schätzen bei der Elterngeldregelung vor allem den Partnerschaftsbonus[6]. Bis zu gut 47 Prozent der Väter, die ElterngeldPlus beantragen, entscheiden sich zugleich für den Partnerschaftsbonus.

Außerdem beziehen Väter, die ElterngeldPlus in Anspruch nehmen, länger Elterngeld. Väter, die in Elternzeit gehen, schätzen demnach besonders einen gleichberechtigten Wiedereinstieg ins Berufsleben.

„Fast jeder fünfte Vater hätte gerne Elternzeit genommen, hat aber aus Angst vor Einkommensverlusten und/oder beruflichen Nachteilen sowie organisatorischen Problemen im Betrieb darauf verzichtet." (vgl. BMFSFJ 2016: 6)

Diesem offenkundigen Dilemma wollte ich im Rahmen einer eigenen kleinen empirischen Untersuchung auf den Grund gehen und herausfinden, wie sich das aktuelle Meinungsbild der Väter zum Thema zusammensetzt und sich so die Daten des Väterreports auch validieren lassen. Die Videoplattform YouTube gilt gerade im heutigen digitalen Zeitalter als eine wichtige Quelle für Wissen und Meinung. Über zahlreiche Videos, aber auch Vlogs[7] von

---

[6] Beide Elternteile können nach Ausschöpfung des ursprünglichen Elterngeldanspruchs vier weitere Elterngeld-Plus Monate beantragen, wenn sie innerhalb eines gewissen Zeitraumes gleichzeitig in Teilzeit arbeiten.

[7] Regelmäßige Beiträge in Videoformat.

Privatpersonen oder professionellen YouTubern lassen sich in kürzester Zeit Informationen über alle möglichen Themen sammeln, sowie Gedanken und Einstellungen zahlreicher User. Gibt man bei YouTube die Schlagwörter „Väter in Elternzeit" ein, findet man als relevantestes Video einen Mitschnitt der vom ARD produzierten Dokumentation „Die Story im Ersten: Papa, trau Dich!". Thematisiert werden erwerbstätige Männer in Elternzeit, Unternehmen und ihre familienfreundlichen Maßnahmen sowie die alltäglichen Hürden, welche die Männer mit der aktiven Entscheidung, in Elternzeit gegangen zu sein, überwinden müssen. Insgesamt wurde das Video in einem Zeitraum von drei Jahren über 70.000 Mal aufgerufen, bekam 224 likes und 26 dislikes. Schaut man nun in die öffentliche Kommentarleiste, fällt vor allem auf, dass Väter der Thematik hauptsächlich positiv gegenüberstehen und dies auch offen äußern:

> „Ich finde es toll das die Papas die Rolle übernehmen dürfen, Bin auch Alleinerziehender Papa von zwei Jungs 8 / 9 Jahren ... und ich genieße jede Minute mit meinen beiden Jungs .... es ist das schönste im Leben was ein Mensch erleben kann. Keine Kariere ist es wert solch Ereignisse zu ignorieren ... Kinder sind das Leben .. auch wenns anstrengend ist .... ich möchte nie wieder tauschen !!!! Bin wirklich traumhaft glücklich !!!"

Frauen finden es zwar überwiegend gut, wenn Väter in Elternzeit gehen, scheinen aber auch ausgesprochen frustriert über die

Seltenheit und die damit einhergehende Lobpreisung von Vätern, die sich bewusst für die Elternzeit entscheiden:

> „Wow Männer die Verantwortung für die Erziehung
> ihrer Kinder übernehmen, gebt ihnen einen Orden!"

Von 66 Kommentaren konnte ich knapp 30 verwerten. Diese lassen sich runterskalieren auf neun positive Kommentare von Frauen und sieben negative, wobei diese sich meist auf den allgemeinen Frust bezogen, dass dieses Thema zweifellos in Frauen auslöst. Von Männern kommen 11 klar positive Kommentare und gerade mal drei negative.

6 Fazit

Work-Life-Balance oder der Einklang von Arbeit und Beruf – für viele von uns mag das ein Märchen sein, das unter aktuellen Bedingungen unserer modernen Gesellschaft nicht wahrwerden kann. Wir leben, während wir arbeiten, und wir arbeiten, während wir leben, eine Trennung dieser beiden Lebenssphären ist unmöglich, eine bessere Vereinbarkeit gehört wohl zu den größten Herausforderungen unserer Zeit. Ein fundamentaler Faktor ist hier die Ambivalenz. Durch die zeitlichen und räumlichen Entgrenzungen von Arbeit und neue Formen der Selbstorganisation haben Erwerbstätige eine Vielzahl neuer Möglichkeiten, Handlungsspielräume und Zeitsouveränität gewonnen. Auf der anderen Seite sind dies nur Symptome einer immer schneller wachsenden und sich verändernden Industrie, einer Dynamik, die zur Herausforderung wird. Nicht umsonst befindet sich der Mensch zunehmend im Zwang, sich dem anzupassen.

Es ist also ein hohes Maß an Selbstorganisation und Disziplin gefragt, um sich den hohen Ansprüchen einer modernen Erwerbstätigkeit anzupassen. Wenn sich dann auch noch die Handlungen räumlich und zeitlich vermischen, erfordert dies zusätzliche Kompetenzen. Auch Arbeitgeber sehen sich zunehmend unter Druck. Gerade in der heutigen Zeit gehören Maßnahmen wie Work-Life-Balance zum absoluten Standard von modernen und innovativen Unternehmen. Unternehmen, in denen begehrte Arbeitnehmer arbeiten wollen. Initiativen zur besseren Work-Life-Balance werden zunehmend zum Aushängeschild eins guten Managements. Doch auch hier ist nicht alles Gold, was glänzt. Maßnahmen müssen nicht nur angeboten, etabliert und gut kommuniziert werden. Sie müssen ein fester Bestandteil der Unternehmenskultur werden und fest mit der organisationalen Identität verbunden sein.

Nur so fühlen sich die Arbeitnehmer trotz Leistungsdruck und Konkurrenzdenken nicht im automatischen Nachteil, vom Unternehmen angebotene Hilfestellungen auch wahrzunehmen. Ein interessantes Bild zeigt auch der Unternehmensmonitor für Familienfreundlichkeit von 2016 dazu. Man hat herausgefunden, dass rund 12 Prozent mehr Männer in Elternzeit gehen, wenn dies bereits eine ihrer Führungskräfte getan hat (vgl. BMFSFJ 2016: 22). Männliche Führungskräfte, die in Elternzeit gehen, haben demnach einen enormen Einfluss auf ihre männlichen Kollegen und können einen familien- und geschlechterfreundlichen Umgang mit Elternzeit in ihren Unternehmen manifestieren. Männer scheinen Vorbilder zu brauchen, um den durchaus gewünschten Weg in die Elternzeit zu gehen.

Ganz im Rahmen der doppelten Vergesellschaftung ist die Erwerbstätigkeit von Frauen an unterschiedliche Bedingungen und Anforderungen geknüpft. Dies führt dazu, dass der Einklang von Beruf und Privatleben zunehmend unsicher, unflexibel aber auch komplex erscheint. Durch die Entgrenzung von Arbeit und Privatleben entgrenzten sich auch die traditionellen Geschlechterrollen in Bezug auf die Arbeitsteilung, Kindererziehung, aber auch die individuellen Lebensansprüche. Immer mehr Frauen wünschen sich Karriere, aber nicht auf Kosten ihrer Familie. Dies wünschen sich auch die Männer, so sehnen sich beide Geschlechter nach demselben gleichberechtigten Familienbild, bislang leider erst mit mäßigem Erfolg. Auch innerhalb der kleinen empirischen Studie konnte dieses Bild aufgezeigt werden, das noch um einen wichtigen Faktor erweitert wurde: Frauen sind zunehmend frustriert davon, dass Männer in Teilzeit ein vollkommen anderes gesellschaftliches Echo bekommen als die Frauen. Bei Frauen ist die Elternzeit eine vollkommen normale Maßnahme nach der Geburt des Kindes, wie lange diese Unterbrechung dauert, inwieweit auch der Vater in die Kindesbetreuung involviert ist oder ob die Frau nach der Elternzeit wieder den Sprung in die volle Erwerbstätigkeit schafft, ist da absolut zweitrangig.

Anders sieht das beim Mann aus. Selbst kürzeste Unterbrechungen von wenigen Monaten werden hier bereits hoch angepriesen und glorifiziert. Vielleicht liegt auch gerade hier das Problem. Solange die Gesellschaft nicht bereit ist, Väter in der Erzieherrolle als selbe Norm anzusehen wie Frauen wird sich das weibliche Label um das Konzept des Care-Work nicht lösen können.

Familienfreundliche Work-Life-Balance Maßnahmen sind prinzipiell immer der richtige Weg, sich den steigenden Anforderungen an ein komplexes Leben anzupassen. Dennoch sollten weder Unternehmen noch Arbeitnehmer den Blick für zu viel Entgrenzung oder Flexibilisierung verlieren. Work-Life-Balance birgt die Gefahr des Work-Life-Blendings[8] und sollte daher immer eine bewusste Lebensweise darstellen und keinen effizienzorientierten Zwang. Dies konnte ich auch innerhalb meines eigenen beruflichen Werdegangs erkennen. In meiner Zeit bei mehreren großen Unternehmen und Konzernen, die alle umfangreiche Work-Life-Balance-Maßnahmen anboten, führte die vermehrte Nutzung von

---

[8]   Vermischung der Sphären „Arbeit" und „Privatleben" auf Kosten der Work-Life-Balance.

flexiblen Arbeitszeiten, des Homeoffices oder digitaler Arbeitsinstrumente dafür, dass immer mehr Arbeit ins Leben kam und der Zustand der ständigen Erreichbarkeit zur absoluten Normalität wurde. Dies kann wiederum direkten Einfluss auf das Familienleben haben und dafür sorgen, dass die Zeit, die zu Hause verbracht wird, nicht mehr erfüllend oder privat ist.

Zusammenfassend lässt sich zum Potenzial von Work-Life-Balance-Maßnahmen zur beruflichen Angleichung der Geschlechter folgendes feststellen: Die derzeitigen Maßnahmen und die Art ihrer Verbreitung reichen leider noch nicht aus, um von einer annähernd gleichberechtigten beruflichen Situation von Mann und Frau zu sprechen. Unternehmen nutzen diese Maßnahme noch zu sehr für die eigene Imagepflege, als dass die gesellschaftliche Botschaft einer gleichberechtigten Arbeitsteilung verinnerlicht werden könnte. Der positive Trend auf mehreren Ebenen sollte jedoch nicht außer Acht gelassen werden. Work-Life-Balance als Konzept gewinnt eine immer größere gesellschaftliche Relevanz, betriebliche Maßnahmen werden ausgebaut und sorgen zumindest für einen kleinen Zuwachs an Männern in Elternzeit. Sollten diese Ansätze weiter ausgebaut werden und beispielsweise auch Führungskräfte als positive Vorbilder zu einem Wandel der stereotypischen Vorstellung von Vater und Mutter führen, könnten wir in nicht allzu ferner Zukunft von einer beruflichen Angleichung der Frauen sprechen. Dies wäre nicht nur ein großer Schritt für die Arbeitswelt, sondern auch für unsere Gesellschaft.

7 Literaturverzeichnis:

Becker-Schmidt, Regina (2008). Doppelte Vergesellschaftung von Frauen: Divergenzen und Brückenschläge zwischen Privat- und Erwerbsleben. In: Becker, Ruth/ Kortendiek, Beate (Hg.). Handbuch Frauen- und Geschlechterforschung. 2. Auflage, Wiesbaden: VS Verlag für Sozialwissenschaften, 66-74.

Bundesministerium für Familie, Senioren, Frauen und Jugend (BMFSFJ), Unternehmensmonitor Familienfreundlichkeit 2016 [online]. Verfügbar unter: https://www.bmfsfj.de/blob/95434/ede1131bedf5bbb b477cffd478bcc1b7/unternehmensmonitor-familienfreundlichkeit-2016-broschuere-data.pdf

Bundesministerium für Familie, Senioren, Frauen und Jugend (BMFSFJ), Väterreport 2016 [online]. Verfügbar unter: https://www.bmfsfj.de/blob/112720/2d7af062c2bc70 c8166f5bca1b2a331e/vaeterreport-2016-data.pdf

Bundesministerium für Familie, Senioren, Frauen und Jugend (BMFSFJ), Familienreport 2017 [online]. Verfügbar unter: https://www.bmfsfj.de/blob/119524/ f51728a14e3c91c3d8ea657bb01bbab0/familienreport-2017-data.pdf

Dressel, Karin/ Wanger, Susanne (2008). Erwerbsarbeit: Zur Situation von Frauen auf dem Arbeitsmarkt. In: Becker, Ruth/ Kortendiek, Beate (Hg.). Handbuch Frauen- und Geschlechterforschung. 2. Auflage, Wiesbaden: VS Verlag für Sozialwissenschaften, 481-490.

Geissler, Birgit (2002). „Der flexible Mensch": Eine These auf
   dem Prüfstand. In: Caritas Schweiz, ed. Sozialalmanach:
   Der flexibilisierte Mensch. Luzern: Caritas V., 57–71.

Gottschall, Karin (2010). Arbeit, Beschäftigung und Arbeitsmarkt aus der Genderperspektive. In: Böhle, Fritz/ Voß,
   G. Günter/ Wachtler, Günter (Hg.). Handbuch Arbeitssoziologie. 1. Auflage, Wiesbaden: VS Verlag für Sozialwissenschaften, 671-698.

Gottschall, Karin/ Voß, G. Günter (2005). Entgrenzung von Arbeit und Leben – Zur Einleitung. In: Karin, Gottschall/
   Voß, G. Günter (Hg.). Entgrenzung von Arbeit und Leben. Zum Wandel der Beziehung von Erwerbstätigkeit
   und Privatsphäre im Alltag. 2. Auflage, München (u.a.):
   Hampp, 11-30.

Jacobsen, Heike (2010). Strukturwandel von Arbeit: Strukturwandel der Arbeit im Tertiarisierungsprozess. In: Böhle,
   Fritz/ Voß, G. Günter/ Wachtler, Günter (Hg.). Handbuch Arbeitssoziologie. 1. Auflage, Wiesbaden: VS Verlag für Sozialwissenschaften, 203-228.

Jurczyk, Karin (Dezember 2004). Work-Life-Balance und ge-
   schlechtergerechte Arbeitsteilung. Alte Fragen neu gestellt. In: Linne, Gudrun. Flexible Arbeitszeit und soziale
   Sicherheit. Arbeitspapier 97. Hans Böckler Stiftung, 43-
   56.

Jurczyk, Karin et al. (Hg.) (2009). Entgrenzte Arbeit – entgrenzte Familie: Grenzmanagement im Alltag als neue
   Herausforderung. 1. Auflage, Berlin: Edition Sigma.

Jürgens, Kerstin (2005). Zeithandeln – eine neue Kategorie der Arbeitssoziologie. In: Karin, Gottschall/ Voß, G. Günter (Hg.). Entgrenzung von Arbeit und Leben. Zum Wandel der Beziehung von Erwerbstätigkeit und Privatsphäre im Alltag. 2. Auflage, München (u.a.): Hampp, 39-57.

Jürgens, Kerstin (2006). Arbeits- und Lebenskraft: Reproduktion als eigensinnige Grenzziehung. 1. Auflage, Wiesbaden: VS Verlag für Sozialwissenschaften.

Jürgens, Kerstin (2010). Subjekt und Arbeitskraft: Arbeit und Leben. In: Böhle, Fritz/ Voß, G. Günter/ Wachtler, Günter (Hg.). Handbuch Arbeitssoziologie. 1. Auflage, Wiesbaden: VS Verlag für Sozialwissenschaften, 483-510.

Jürgens, Kerstin/ Voß, G. Günter (20. August 2007). Gesellschaftliche Arbeitsteilung als Leistung der Person. In: Das Parlament. Aus Politik und Zeitgeschichte (34), 3-9.

Kleemann, Frank/ Matuschek, Ingo/ Voß, G. Günter (2002). Subjektivierung von Arbeit. Ein Überblick zum Stand der Diskussion. In: Moldaschl, Manfred / Voß, G. Günther. Subjektivierung von Arbeit. München (u.a.): Hampp, 53-92.

Klenner, Christina (20. August 2007). Familienfreundliche Betriebe – Anspruch und Wirklichkeit. In: Das Parlament. Aus Politik und Zeitgeschichte (34), 3-9.

Literaturverzeichnis:

Klenner, Christina/ Lillemeier, Sarah (September 2012). Teilzeit und Haushalt statt Geld und Karriere. In: DGB, Frau geht vor. Arbeitszeit aus Gleichstellungspolitischer Sicht – Wunsch und Realität klaffen weit auseinander, 13-16.

Kratzer, Nick/ Menz, Wolfgang/ Pangert, Barbara (2013). Work-Life-Balance: Eine Bestandsaufnahme. In: Bornewasser, Manfred/ Zülch, Gert. Arbeitszeit – Zeitarbeit: Flexibilisierung der Arbeit als Antwort auf die Globalisierung. 1. Auflage, Wiesbaden: Springer Gabler, 190-204.

Michalk, Silke/ Nieder, Peter (2007). Erfolgsfaktor Work-Life-Balance. 1. Auflage, Weinheim: WILEY-VCH Verlag

Oechsle, Mechtild (2008). Work-Life-Balance: Diskurs, Problemlagen, Forschungsperspektiven. In: Becker, Ruth/ Kortendiek, Beate (Hg.). Handbuch Frauen- und Geschlechterforschung. 2. Auflage, Wiesbaden: VS Verlag für Sozialwissenschaften, 481-490.

Peuckert, Rüdiger (2008). Familienformen im sozialen Wandel. 7. Auflage, Wiesbaden: VS Verlag für Sozialwissenschaftler.

Schmiede, Rudi/ Schilcher, Christian (2010). Arbeits- und Industriesoziologie. In: Kneer, Georg/ Schroer, Markus (Hg.). Handbuch spezielle Soziologien. 1. Auflage, Wiesbaden: VS Verlag für Sozialwissenschaften, 11-35.

Schneider, Norbert F. (2007). Work-Life-Balance – Neue Herausforderungen für eine zukunftsorientierte Personalpolitik aus soziologischer Perspektive. In: Dilger, Alexander/ Gerlach, Irene/ Schneider, Helmut (Hg.). Betriebliche Familienpolitik

Voß, G. Günter (1998). Die Entgrenzung von Arbeit und Arbeitskraft. Eine Subjektorientierte Interpretation des Wandels der Arbeit. In: Mitteilungen aus Arbeitsmarkt- und Berufsforschung 31 (3), 473-487.

Voß, G. Günter (2007). Subjektivierung von Arbeit und Arbeitskraft. Die Zukunft der Beruflichkeit und die Dimension Gender als Beispiel. In: Aulenbacher, Brigitte et al. (Hg.). Arbeit und Geschlecht im Umbruch der modernen Gesellschaft. Forschung im Dialog. 1. Auflage, Wiesbaden: VS Verlag für Sozialwissenschaften.